한국의
스타트업
부자들

STARTUP

한국의 스타트업 부자들

혁신에서 성공을 찾은 12개의 신화

최기영·윤지영·장소현 공저

이콘

혁신의 실마리는 우리 스타트업에 있다!

"세상은 혁신을 중심으로 발전한다."

유명 경제학자 조지프 슘페터Joseph Schumpeter의 주장이다. 스마트폰 같은 혁신적인 제품은 우리의 삶을 더욱 풍요롭게 만들었고 구글Google이나 페이스북Facebook 등의 혁신 기업이 나날이 세상을 바꿔나가고 있기에 혁신의 중요성에 대해서는 굳이 경제학자의 말을 빌리지 않더라도 많은 이들이 공감하고 있다.

하지만 새로운 무언가를 도입하여 기존의 조직, 관습, 혹은 일하는 방법 등에 변화를 주는 것을 의미하는 '혁신'은 기존 사업의 틀뿐만 아니라 사고방식까지 바꿔야 가능하다. 더욱이 오늘날의 기업 조직 및 사업은 무척이나 다양한 데다 각기 다른 방식으로 발전해왔기에 혁신을 위한 일반적인 정도正道도 존재하지 않는다. 모두가 공감하며 이루고자 하지만 정답이 없는 혁신, 우리나라 기업들은 그런 혁신의 실마리를 찾기 위해 다양한 방법을 도입하고 여러 사례를 통해 혁신을 배우려 하고 있다.

그중에서도 요즘 두드러지는 것은 미국의 실리콘밸리, 창업국가로 유명한 이스라엘 등 해외 선진사례를 벤치마킹하려는 노력이다. 우리보다 앞선 환경에서 창의적이며 다양한 비즈니스를 잉태한 그곳을 배우겠다고 노력하는 것은 어찌 보면 당연하기도 하다. 하지만 실리콘밸리는 실리콘밸리다. 다시 말해 그곳을 그렇게 만든 문화, 시장, 인력, 투자 환경 등 많은 부분들은 우리의 그것과 명백히 다르다는 것이다. 그렇기에 해당 사례들을 전반적으로 이해하고 그 저변과 환경을 통합적으로 인지하지 못한다면 해외의 우수한 혁신 경험에 대한 벤치마킹은 겉핥기 식의 흉내 내기에 그칠 위험이 있다.

또 이제 글로벌 시장에서 당당히 수위를 다툴 정도로 경쟁력을 갖춘 국내 대기업을 통해 혁신을 배우려는 곳들도 있다. 하지만 지금껏 국내 대기업은 대규모의 자본을 투입하고 야근 및 짜내기로 대표되는 인력투입형 제조업 방식으로 성장해왔기에 창의적이고 새로움을 추구하는 혁신의 참고사례로 삼기에는 아쉬움이 있다. 게다가 대기업이라는 커다란 담장 안의 안정적인 환경 속에서 파편화된 업무를 수행하는 그 직원들에게 있어 새로운 방법이나 혁신적인 아이디어를 짜내는 것도 쉬운 일은 아니다. 또한 혁신을 위해 새로운 무언가를 도입하는 것은 대기업의 성공을 가능케 했던 기존의 방식을 해치는 것으로 보일 수 있기에 대기업에서 혁신을 찾기란 점점 더 어려워질 듯하다.

하지만 스타트업은 어떨까?

사실 스타트업은 쉽지 않은 길이다. 제2의 마크 주커버그Mark Zuckerberg를 꿈꾸며 열정적으로 창업에 뛰어들었지만 자본과 인력, 조직, 기술 등 스타트업은 모든 면에서 기존 경쟁자보다 부족할 수밖에 없기 때문이다. 그렇기에 스타트업은 열세의 상황에서 생존을 위해 어쩔 수 없이 기존 경쟁자와는 다른 무기로 경쟁에 임해야 하며 차별화된 경쟁력을 갖추기 위해 다른 기업이 생각하지 못했던 아이디어나 새로운 기술을 들고 나올 수밖에 없다.

또 대기업과 달리 스타트업 직원의 개인 업무 성과는 기업의 성과 및 생존과 직결되기에 대기업 직원보다 더한 위기의식 속에서 집중하며 업무를 수행해야만 한다. 즉, 스타트업은 몰입도와 집중력을 바탕으로 생존을 위해 보다 다양한 방식으로 비즈니스를 발전시켜야 하고, 이를 달성한 스타트업만이 성장하며 성공을 거둘 수 있다. 그렇기에 대기업보다는 잘나가고 있는 스타트업에게서 기존 방식과는 다른 혁신적인 무언가를 볼 수 있는 확률이 더 높은 것이다.

혁신의 실마리를 지닌 스타트업, 이들은 동종업계 대기업과 당당히 겨루며 지속적으로 성장하고 있을 뿐 아니라 자신만의 방법으로 기업을 만들고 혁신을 거두며 성공을 향해 달리고 있다. 이런 스타트업의 사례를 정리한다면 이들을 통해 보다 다양한 혁신을 볼 수 있고, 그것을 참조하면 새롭고 다양하면서도 신선한 생각을 할 수 있지 않을까? 그에 대한 답을 찾고자 한 것이 이 책에서 이야기하고픈 내용이다.

혁신은 멀리 있지 않으며, 큰 회사가 아니어도 가능하다. 이 책에서는 자기 분야에서 크고 작은 혁신을 이뤄 성공적으로 사업을 전개하고 있는 대한민국의 스타트업을 통해 혁신에 대한 다양한 해법을 이야기하고자 한다. 스타트업의 이야기를 하다 보니 프로세스/운영의 혁신보다는 각 기업의 개성이 더욱 잘 드러나는 제품/서비스/문화 혁신에 초점을 맞추게 되었고, 창업 과정보다는 가급적 혁신의 내용 자체를 다루며 더 많은 내용을 기술하고자 하였다. 이 책이 혁신을 고민하고 있는 모든 이들에게 실마리가 되길 바란다.

2015년 3월

최기영, 윤지영, 장소현

1장

정면이 아닌 측면 승부:
기존 강자들의 허점을 노려라

농산물 시장, 여행 시장, 의류 시장 등 생산자와 소비자 사이의 유통과정이 유난히 복잡하고 불투명한 시장들이 있다. 이들 시장에서 나타나는 불합리한 유통구조는 누구나 오랫동안 알아왔지만 어쩔 수 없이 받아들여야 하는 관습처럼 치부되고 있는 것이 사실이다.

'제품과 서비스를 최종 소비자에게 전달하는 방식'을 뜻하는 유통 구조는 제품 또는 서비스별로 각각 다르다. 일반적인 유통 구조는 상품이 생산자에서 도매업자, 그 후 2차 도매업자 또는 소매업자를 차례로 거쳐 소비자에게 최종적으로 전달되는 과정으로 이루어진다. 각 경로상의 도소매상은 생산자를 대신하여 소비자에게 상품을 판매하는 역할을 하는데, 상품이 생산자에게서 소비자에게 가는 도중에 거치는 모든 도소매상들은 유통비를 가져가고 상품 가격을 그만큼 올린다. 때문에 처음 생산자가 판매하는 상품의 가격과 소비자가 사게 되는 상품의 가격에는 차이가 생기는데, 중간 상인이 많거나 유통 과정이 불투명할수록 그 차이는 커진다. 유통의 중간단계가 많아지고 대형화될수록 유통 기간이 길어지고, 그 손해는 고스란히 소비자의 몫이 된다. 또 유통 업체가 비정상적으로 커지면 생산자에게 상품을 저가로 납품할 것을 강요하는 등 초기 생산자에게도 불합리한 부담을 지운다.

하지만 최근 전례 없는 속도로 발전한 정보통신 기술은 비싼 중간 마진, 복잡한 단계 등의 문제가 있는 기존 유통 구조를 혁신할 기회를 가져왔다. ICT 기술을 활용함으로써 유통 과정이 짧아지고 시간이 단축되며, 위험을 더 효율적으로 분담하는 것이 가능해졌기 때문이다. 한마디로 기존의 유통 회사들과 같은 방식으로 정면 승부하는 것이 아니라, 전혀 다른 방식을 고안해낼 수 있게 된 것이다.

이 장에서는 유통 구조의 혁신으로 소비자와 공급자 모두에게 새로운 이익을 주는 스타트업들을 살펴볼 것이다. 마이리얼트립, 헬로네이처, 레진엔터테인먼트를 통해 유통의 혁신을 가져온 구체적인 방법을 보다 깊이 알아보자.

1 마이리얼트립 :
기존 여행산업의 유통 방식을 흔들다

마이리얼트립My Real Trip은 가이드와 여
행객을 직접 연결해주는 온라인 플랫폼
이다. 일반 여행사와 달리 여행지 현지에
실제 거주하는 사람이 가이드가 되어 여
행 상품도 직접 설계한다는 것이 마이리

마이리얼트립 로고

얼트립의 특징인데, 여행객들 역시 단체로 몰려 다니는 패키지투어
대신 가이드와의 조율을 통해 자신에게 맞춤형 코스를 짤 수도 있
다. 2012년 7월에 등장한 마이리얼트립을 통해 2014년 8월까지 총
2만 2,800여 명의 여행자가 500명의 가이드를 만나 200여 개의 도
시로 여행을 다녀왔고, 지금도 그 수는 꾸준히 증가하고 있다.

2012년의 어느 날, 마이리얼트립의 이동건 대표는 국내 중견 여
행사 중 하나인 모 여행사 사장실에 앉아 있었다. 그의 앞에 앉아
있던 사람은 그 여행사의 대표. 이 대표는 자신이 최근 구상 중인

여행 비즈니스 모델에 대해 설명했다. 그가 생각한 비즈니스는 오픈마켓 여행 서비스로, 가이드 개개인은 자신이 기획한 여행상품을 팔고 소비자는 자신이 원하는 상품을 구매하는 플랫폼이었다. 이 대표가 자신의 구상을 이야기하자마자 여행사 대표는 어처구니없다는 듯이 물었다.

"그럼 가이드들을 전부 비행기 타고 가서 만나겠다는 거야? 그런 사업이 가능할 것 같아?"

외면당하고 있는 여행사들

'매일 똑같이 굴러가는 하루. 지루해 난 하품이나 해. 뭐 화끈한 일 뭐 신나는 일 없을까.' 자우림의 노래인 '일탈'의 가사다. 이 노래 가사처럼 매일 반복되는 일상에 심신이 지쳐 있는 현대인들은 언제나 현재의 삶에서 잠시 벗어난 시간, 즉 여행을 갈망한다. 누구에게는 그 시간이 찰나의 휴식이 될 수 있고 혹자에게는 새로운 도전이, 다른 이에게는 일탈이 되기도 한다. 여행에 대한 이런 욕구는 국민소득 증가 및 산업화의 가속화와 맞물려 해외 여행색의 급격한 증가로 이어졌다. 해외 여행비도 여행업계의 가격 경쟁으로 예전보다 저렴해진 덕분에 유럽 배낭여행을 떠나는 대학생들, 짧은 휴가 기간을 이용해서 가까운 해외로의 여행을 계획하는 직장인들이 늘어나면서 해외 여행자 수는 꾸준한 상승세를 이어가고 있다.

하지만 해외 여행객의 증가와 비례하여 여행 서비스에 대한 불만도 늘어나고 있다. 특히 패키지여행의 경우에는 무슨 수를 써서라

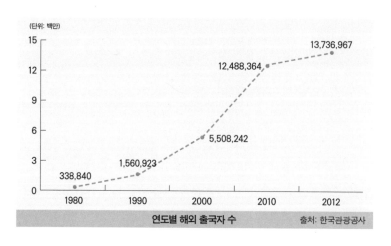

(단위: 백만)

연도별 해외 출국자 수　　출처: 한국관광공사

도 많은 여행객들을 모집해 수익을 극대화하려는 여행사의 꼼수에서 비롯된 피해사례가 속출하고 있다. 여행객들은 원치 않은 쇼핑센터에 방문해 끊임없는 호객행위를 겪어야 하고, 불필요한 옵션을 울며 겨자 먹기로 선택해야 하며, 먹기 싫은 음식을 강제로 먹어야 하는 경우도 있다. 이러한 패키지여행의 폐해는 큰맘 먹고 휴식과 일탈을 위해 떠난 여행을 망쳐버린다.

　몇몇 대표 관광지를 수박 겉핥기 식으로 다녀오고 쇼핑센터를 강제로 돌아봐야 하는 패키지여행은 점차 '불만족스러운 여행'과 동일어가 되어가고 있다. 실제로도 한국관광공사에 따르면 여행사의 해외 패키지여행 상품에 대한 만족 비율은 57.2%로, 전체 해외여행의 만족 비율인 68.4%에 비해 다소 낮은 편이다. 전체 여행자 중 패키지상품을 구입한 여행자의 비중도 시간이 갈수록 줄어들고 있다.

연도별 패키지여행 상품 구입 비중　　　출처: 여행신문

　해외 패키지여행이 이처럼 여행객들에게 최악의 경험을 하게 하는 원인은 여행 상품의 유통 구조에 있다. 대개의 해외 패키지여행은 아래와 같은 구조로 이루어진다.

일반적인 해외 패키지여행 상품의 구조

　가령 해피여행사 충무로점에서 여행자에게 홍콩 패키지여행 상품을 팔았다고 가정하자. 그러면 해피여행사는 홍콩 현지에 있는 에이전시에 언제 몇 명이 갈 테니 가이드를 준비시키라고 연락하고, 현지 에이전시는 소속 가이드에게 이 여행 건을 전달한다. 여행사와 가이드 사이에 있는 현지 에이전시는 현지 여행사, 일명 '랜드사'로 불리는데, 패키지여행 상품을 만드는 것 역시 이런 랜드사들이다. 즉, 랜드사는 항공권을 제외한 현지 진행비(숙박, 식사, 가이드, 입장료 등)와 일정을 계획하고 현지 가이드를 고용해 만든 여행 상품을 한국 여행사에게 납품하고, 한국 여행사는 각 대리점을 통해 그 상품을 이용할 여행객을 모집하는 방식으로 이루어지는 것이 패키지여행의 구조다. 그렇기에 각기 다른 여행사의 해외 패키지상품이라도 대부분은 동일한 랜드사에서 기획한 유사 상품일 수 있다.

또한 가격 경쟁이 심한 시장인 만큼, 갑의 입장인 대형 여행사가 저가 압박을 하면 랜드사는 어쩔 수 없이 상품 가격을 낮출 수밖에 없다. 그리고 그 비용을 상쇄하고 수익을 내고자 여행객에게 쇼핑을 유도하거나 강제 옵션을 선택하게 하는 등의 방법을 사용하게 되는 것이다.

여행자들의 마인드 변화

하지만 여행을 소비하는 소비자의 인식은 빠르게 변화하고 있다. 과거에는 해외여행을 다녀오는 것 자체가 동네방네 자랑할 만한 일이었지만 해외여행이 상대적으로 쉬워진 요즘에는 사람들의 관심사가 여행지 자체보다는 '내용'에 쏠리기 시작했다. 누구나 한 장쯤 갖고 있는 관광명소에서의 인증 사진이 아닌, 자신만의 특별한 경험을 하고 싶어 하게 된 것이다.

그럼에도 대부분의 여행사들은 여행자들의 이러한 변화를 제대로 감지하지 못한 듯, 아직도 여행상품의 가격이나 항공, 호텔 등으로 소비자에게 어필하려 한다. '특가! 세부 럭셔리 콘도 3박 4일' 같은 프로모션 문구는 어느 여행사의 홈페이지에서든 쉽게 찾을 수 있다. 현재 여행시장은 H투어, M투어 등 소수의 대형 여행사들이 독점하고 있는데, 이들은 새로운 업체가 등장하면 담합 아닌 담합을 통해 인적, 물적 경쟁전략을 펼쳐 신규 업체의 시장 진입을 어렵게 만든다. 기존 시장 참여자들이 형성해놓은 이러한 독과점 구조는 앞서 언급한 랜드사가 낀 유통 구조와 더불어 소비자가 여행사별로 차별화된 상품이나 새로운 아이디어가 적용된 여행 프로그램을 찾기 어려운 이유가 되고 있다.

여행자들이 여행에서 바라는 것은 변하는데 여행사들은 여전히 제자리에 머물러 있는 상태다. 이대로라면 여행사는 소비자의 외면을 받을 뿐만 아니라 가격처럼 예상치 못했던 부분에서도 경쟁력을 잃을 것으로 보인다. 이는 항공과 호텔 시장이 매우 성숙해지고 있기 때문인데, 이미 온라인상에서 시작된 최저가 경쟁이 그 예에 해당한다. 누구든지 인터넷을 사용할 줄만 알면 원하는 호텔을 최저가로 예약할 수 있다. 항공 시장에서도 I사와 H투어가 치킨게임을 하고 있지만, 기존 여행사들은 아직 여행시장에서 일어나는 변화에 대해 적절한 대응을 하지 못하고 있는 듯하다.

이처럼 여행 시장은 소수의 기업이 선점한 독과점 구조이며 새로운 사업자에게는 기회조차 주지 않는 레드오션이다. 하지만 마이리얼트립은 불합리한 구조를 가진 기존 업체들의 정체된 모습과 여행에 대한 소비자 변화 사이의 간극을 보며 여행 시장이 뛰어들어볼 만한 블루오션이라 판단했다.

유통 구조의 혁신으로 진짜 여행을 제공하다

마이리얼트립은 여행객들이 여행의 '장소'보다 '내용'을 더 중요시하는 경향을 다른 여행사들보다 한 발 빨리 파악했다. 그래서 여행 상품의 질을 높이는 방안으로 '가이드'에 주목했다. 기존 여행상품을 선택할 때의 기준은 여행 장소, 숙박, 항공권 등이었고, 가이드는 여행객이 선택할 수 있는 대상이 아니라 원활한 관광을 위해 여행상품에 보조적으로 제공되는 요소였다. 그래서 패키지여행을 떠나면 현지 공항에 도착해서 한국어 팻말을 들고 있는 가이드를 직접 볼 때까지 가이드가 누구이고 어떤 사람인지 알 수 없었다.

하지만 마이리얼트립은 여행객들에게 현지에서의 진짜 여행을 제공하기 위해 여행 상품의 전면에 가이드를 등장시켰다. 마이리얼트립에서는 가이드가 여행상품의 보조적인 수단이 아닌 여행상품의 질을 보장하는 인증마크와 같다. 현지를 가장 잘 아는 가이드가 직접 자신의 얼굴과 이름을 걸고 프로그램을 구성하기 때문이다. 다시 말해 이들은 기존 여행 시장에서 랜드사가 담당했던 역할을 수행하는 셈이다. 이렇게 가이드가 주체이자 브랜드가 되어 만들어진 마이리얼트립의 여행상품은 온라인에서 소비자의 선택을 받는다. 그러므로 가이드들은 더 많이 선택되기 위해 여행객들이 높은 만족감을 느낄 수 있는 여행상품을 기획하는 등 콘텐츠의 질 향상에 집중하게 된다.

마이리얼트립의 뉴욕 여행상품

　가이드와 여행객을 직접 연결해주는 마이리얼트립의 방식은 여행객과 가이드에게 모두 긍정적인 영향을 미친다. 기존의 가이드들은 중간유통사인 랜드사의 개입으로 수입이 감소해 여행객들에게 쇼핑 등을 강권할 수밖에 없었다. 하지만 마이리얼트립은 가이드와 여행객 사이의 중간 과정을 생략했고, 수익이 줄어들 걱정이 없어진 가이드들은 더 이상 쇼핑센터나 음식점 방문을 여행객들에게 억지로 권하지 않는다. 또한 여행객 입장에서도 자신만의 특별한 여행을 할 수 있는 즐거움을 누리게 됐다. 지루한 박물관이나 궁궐을 가기보다 여러 가지 맛있는 빵을 많이 먹어보고 싶은 사람은 파리에서 하루 종일 빵집만 돌아다니는 여행코스로 바꾸는 등 가이드와의 상의를 통해 더욱 만족도 높은 여행을 할 수 있게 된 것이다.

　이처럼 마이리얼트립 플랫폼에서 가이드와 여행자는 동등한 위치에서 서로에게 이익을 준다. 여행자는 다양하면서도 차별화된 여행상품을 선택할 수 있고, 가이드는 중간유통 과정을 건너뛰어 고객과 직접 만남으로써 보다 많은 수익을 기대할 수 있다. 또 가이드는 스스로 제작한 여행상품을 통해 점차 자신만의 브랜드를 쌓아갈 수 있다. 수많은 가이드들의 다양한 여행상품을 중개하는 플랫폼으로 가이드와 여행자를 직접 연결해주는 것이 마이리얼트립을 기존 여행사들과 차별화시킨 전략인 것이다. 이러한 유통 구조의 혁신은 IT 기술의 발전이 있었기에 가능했다.

IT로 가능해진 유통 구조 혁신, 그리고 온라인 신뢰 구축

마이리얼트립의 비즈니스는 현지를 잘 아는 사람이 가이드가 되어 직접 설계한 다양한 여행상품이 제공되지 않으면 불가능하다. 따라서 믿을 만한 가이드의 확보는 마이리얼트립에게 있어 생존과 연관된 매우 중요한 문제였다. 하지만 믿을 수 있는, 그것도 해외에 있는 인력을 확보하는 것은 만만치 않은 일이었다. 가이드 수급은 기존 여행사들에게도 어려운 문제였고, 이것이 곧 랜드사가 생겨난 배경이 되었다. 즉, 국내 업체들은 해외의 가이드를 일일이 직접 만나 검증할 수 없었기 때문에 이 일을 대신할 현지의 에이전시를 필요로 했던 것이다.

그러나 마이리얼트립은 믿을 만한 가이드 확보라는 문제를 IT로 해결했다. 현지 에이전시를 통하거나 현지에 직접 가이드를 만나러 가는 것이 아니라 온라인을 통해 가이드를 선발한 것이다. 이 과정은 총 네 단계에 걸쳐 이루어진다.

| 지원서 작성 | → | 스카이프 인터뷰 | → | 신분증을 통한 현지 거주 확인 | → | 현지 글로벌 마케터의 지원자 및 여행상품 검수 |

ICT 기술을 적극 활용한 마이리얼트립의 가이드 선정 과정

첫 번째 단계에서는 가이드 지원자의 의지를 테스트한다. 홈페이지에서 '지원Apply'을 클릭하면 질문지가 나오는데, 지원자는 네 페이지에 걸친 꽤 길고도 많은 질문들에 모두 답변해야 한다. '한번 지원이나 해볼까?' 하는 가벼운 생각으로 답하기에는 문항 수가 매우 많다.

두 번째 관문은 스크리닝screening 과정의 핵심이라 할 수 있는 스카이프Skype 인터뷰다. 직접 만나 얼굴을 맞대는 것은 아니지만 온라인상에서 가이드의 얼굴을 보며 다양한 질문을 할 수 있기 때문에 가이드로서의 능력 외에도 서면으로는 파악하기 어려운 인간성이나 세계관 등의 요소를 알 수 있다. "스카이프가 없었다면 마이리얼트립도 없었을 것"이라고 이 대표가 말할 징도로 이 과징의 중요성은 매우 높다.

세 번째로는 지원자의 신분증을 확보해 현지 거주 사실을 확인하고, 마지막으로는 전 세계 각국에 있는 마이리얼트립 글로벌 마케터들이 가이드를 직접 만난다. 앞의 세 단계 온라인 스크리닝 과정만 해도 온라인상에서의 사용자 신뢰평가로 유명한 에어비앤비Airbnb보다 까다롭지만 오프라인에서 한 번 더 평가하는 것이다.

한편 여행자 입장에서 마이리얼트립의 상품을 선택할 때에도 프로그램과 가이드의 신뢰도가 큰 비중을 차지한다. 이를 위해 마이리얼트립은 여행에 대한 리뷰를 확보하고, 가이드의 페이스북이나 블로그 등의 정보를 공개함으로써 소비자가 여행과 가이드에 대해 안심할 수 있게 한다.

그중 가장 영향력이 큰 것은 리뷰다. 실제로 리뷰가 있는 상품은 그렇지 않은 상품에 비해 더 많이 팔린다. 마이리얼트립 사업 초기 때에는 리뷰가 부족해 여행자들이 빠르게 늘지 않는 어려움도 있었지만 지금은 여행자의 수가 늘면서 리뷰 역시 함께 증가했다. 또한 가이드는 페이스북이나 블로그를 통해 직접 현지 소식을 꾸준히 게시하는 등의 방법으로 소비자의 신뢰를 확보하고, 여행자들 역시 가이드와 페이스북 친구가 되거나 카카오톡으로 가이드에게 연락해 자신이 원하는 여행을 맞춤 제작할 수 있다. 즉, 마이리얼트립은 SNS를 가이드와 여행자 사이의 신뢰 형성의 도구로 십분 활용하는 것이다.

성장을 촉진시킨 타깃 변화

마이리얼트립의 비즈니스 모델을 가능케 한 것은 IT, 그리고 온라인이었다. 상품 선택, 예약, 결제 등 여행을 제외한 모든 활동이 온라인 공간에서 이루어지기에 사업 초기에 마이리얼트립은 온라인과 인터넷을 가장 활발하게 이용하는 20대층을 타깃 고객으로 설정했다.

그래서 내건 슬로건이 '특이한 경험Unique Expeirence'. 젊은 고객들의 도전적인 성향을 십분 반영한 캐치프레이즈였다. 그에 걸맞게 여행 상품 역시 어디서도 보지 못한 특이한 것들로 구성했다. 프랑스 파리에서 파티셰와 함께 유명 빵집을 돌아보는 상품을 선보였는가 하면 필리핀 세부에서 고래상어와 스노쿨링을 하는 상품도 내놓았다. 홈페이지도 젊은 감성에 맞게 구성했다. 외국 홈페이지를 본떠 직관적인 UI를 지향했고, 20대의 경제력을 고려하여 가격에 놀라 뒷걸음하지 않도록 첫 페이지에서 가격을 숨겼다. 이처럼 20대를 타깃층으로 하여 여행객과 가이드를 직접 연결해준다는 아이디어는 충분히 사업의 승부수가 될 것이라 판단되었다.

하지만 서비스 론칭 후, 사업은 예상대로 흘러가지 않았다. 사업 아이템에 대한 외부 평가는 좋았지만 기대와 달리 매출이 쉽사리 늘지 않았던 것이다. 타깃으로 삼은 20대는 마이리얼트립의 서비스에 긍정적인 반응을 보였지만 정작 여행상품을 이용하는 수는 많지 않았고, 이용자들의 데이터를 분석해보니 실제로 20대(구매율 18%)보다는 30대(구매율 28%)의 비중이 높다는 것을 확인할 수 있었다.

처음부터 다시 차근차근히 생각해보니 이는 당연한 결과였다. 스스로 여행을 계획하고 낯선 현실에 부딪히는 것을 선호하는 20대의 성향은 가이드를 제공하는 마이리얼트립과 맞지 않았다. 30대보다 20대가 상대적으로 가격에 민감하다는 것을 간과했던 것도 실수였다. 즉, 20대 집단에 대한 충분한 이해 없이 처음부터 주요 타깃을 20대로 설정한 것이 패인이었던 것이다.

20대가 적절한 타깃이 아니었다는 결과를 내리자마자 마이리얼 트립은 사업 방향을 전환했다. 30대 이상으로 타깃을 수정함과 동시에 젊은 층이 선호할 만한 '특이' '도전'보다는 새로운 고객층에 맞는 '편함' '안전'과 같은 키워드에 초점을 맞추기 시작했고, 마케팅과 홈페이지, 상품 구성 등의 모든 요소들 역시 30대 이상의 고객을 고려해 과감히 바꿨다.

더불어 IT가 낯선 30~40대층에게 오히려 IT를 통해 여행상품에 품질, 안정성 등에 신뢰를 주고자 노력했다. 마이리얼트립은 자사의 선발 시 거치는 4단계의 까다로운 인증 절차, 생생한 여행 리뷰, 가이드들이 꾸준히 올리는 현지 소식 등으로 무엇보다 안전하고 특별한 여행이 될 수 있음을 적극적으로 알렸다. 이러한 노력의 결과 본격적으로 상승하기 시작한 마이리얼트립의 비즈니스는 지금도 안정적으로 성장하고 있다.

마이리얼트립은 기존 유통 구조를 흔들어 여행자와 참여자 모두에게 이익을 주는 플랫폼으로 성장 중이다. 양질의 가이드와 좋은 여행상품이 얼마나 많은지에 따라 앞으로 더 많은 여행자들이 마이리얼 트립의 상품을 선택할 것이고, 이용자들이 증가하면 더욱 뛰어난 가이드들이 마이리얼트립 플랫폼에 참여할 것이다. 이는 닭이 먼저냐 달걀이 먼저냐의 문제일 수 있는데 지금까지 마이리얼트립은 유통의 혁신으로 양쪽 시장 모두에서 순조롭게 성장하고 있다.

앞서 언급했듯 마이리얼트립은 2012년 7월에 서비스를 개시한 이래 2014년 8월을 기준으로 총 2만 2,800명의 여행객과 전 세계 200개 도시 이상에서 500여 명의 가이드를 확보했고, 2015년 2월 까지 총 810개의 상품을 활성화했다. 이러한 수치들은 지금도 늘어나는 중인데, 마이리얼트립은 이처럼 한국 여행객이 해외를 방문하는 상품들을 통해 쌓은 그간의 사업 노하우를 바탕으로 해외 여행객이 국내를 방문할 수 있게 하는 인바운드 사업도 선보이고 있다.

정체된 기존 플레이어가 변화하는 소비자의 기호를 만족시키지 못한 틈을 유통 구조의 혁신으로 파고든 마이리얼트립. 그들의 비즈니스는 기존 강자들이 이미 독과점을 형성하여 뛰어들기 막막한 시장이라도 자세히 살펴보면 기회가 있을 수 있고, 아무도 시도해보지 않은 새로운 방식으로 그 기회에 접근한다면 또 다른 성과를 거둘 수 있음을 보여준 좋은 예에 해당한다. 기성 시장 플레이어들이 득실대는 레드오션이라도 겁먹지 말고 충만한 가능성을 기대하며 새로운 기회를 찾아보자.

② 헬로네이처 :
생산자와 소비자 모두를 만족시키다

헬로네이처Hello Nature는
유기농 농산물을 직거래
하는 온라인 쇼핑몰로

헬로네이처 로고

2011년에 등장한 이후 매년 100%씩 빠르게 성장 중이다. 헬로네이처는 소비자들이 농산물을 주문하면 생산 농가에서 수확해 1~2일 내에 배송하는 것을 원칙으로 한다. 또한 한 번에 대용량으로 사기 부담스러운 쌈채소, 버섯 등을 소포장해 소비자가 원하는 대로 골라 담을 수 있는 '소포장 묶음배송' 서비스도 실시 중이다. 2014년 헬로네이처에 입점한 농가는 약 200여 개이며, 소비자들의 재구매율도 70%로 높은 편이다.

농산물 시장이란 생소한 분야에 뛰어들다

흔히 사람들은 자신이 좋아하는 분야, 평소에 꾸준히 관심을 가지고 지켜본 분야, 그래서 정말 잘 아는 분야의 사업에 뛰어들어야 성공 가능성이 높다고 생각한다. 지피지기면 백전백승이라고, 당연히 전혀 모르는 분야보다는 잘 아는 분야에 도전하는 것이 조금이나마 승률을 높이는 방법이다.

하지만 이러한 선입견을 깬 사람이 있으니 바로 헬로네이처의 박병열 대표다. 서울에서 태어난 박 대표는 헬로네이처를 창업하기 전까지만 해도 그릇에 담긴 음식이 아니고서는 농산물을 가까이 접할 기회가 없었다. 포항공대 재학 시절에 소셜커머스, 위치기반 서비스 등 IT 웹 서비스에 관심이 많았던 그는 졸업 후 소셜커머스 기업에 취직했다. 고액의 연봉을 받으며 일했지만, 자신을 위해 하는 것이 아니었던 탓에 일이 즐겁지 않았다고 한다. 일하는 과정에서 자신만의 보람을 얻을 수 있길 원했던 그는 결국 창업을 결심했고, 어떤 사업 분야에 뛰어들 것인지를 두고 신중히 고민했다.

창업 전까지 농산물에 전혀 관심이 없었던 박 대표가 그 시장을 선택한 이유에는 두 가지가 있었다. 우선 그는 농산물 분야는 정보 격차가 큰 시장이기 때문에 사업할 만한 가치가 있나고 생각했다. 농산물 시장에서는 생산자와 소비자 간의 정보 비대칭이 심각하다. 생산자는 소비자들이 무엇을 원하고 상품의 유통 구조가 어떤지를 정확히 알지 못하고, 소비자들은 누가 이 작물을 재배했는지, 가격은 어떻게 매겨진 것인지 등을 잘 모른다. 생산자들은 그저 중간 유통상에게 팔 뿐이고, 소비자들은 그저 마트나 시장에서 살 뿐이다. 박 대표는 이러한 농산물 분야의 정보 비대칭이 신선도, 가격 등의 문제를 발생시키는 원인이라고 생각했고, 이 부분을 공략하면 농산물 시장에서 승부를 걸어볼 만하다고 판단했다.

두 번째 이유는 사업성을 보고 뛰어든 사람 중에 자신과 비슷한 능력을 가진 이들이 가장 적게 포진되어 있는 분야가 농산물 시장이라고 여겨졌기 때문이다. 사업 초기에 박 대표는 자본, 인력 등 모든 자원이 부족했으므로 인적 자원을 효과적으로 사용할 수 있는 시장을 찾았는데, 농산물 시장은 시장성이 있으면서도 자신과 유사한 수준의 경쟁자들이 적은 분야였다.

헬로네이처는 농산물 시장 중에서도 특히나 가격보다 품질이 우선시되는 유기농 시장을 공략했다. 유기농산물에 비해 상대적으로 가격이 저렴한 일반상품을 소비한다는 것은 그만큼 품질을 덜 중시하기 때문이다. 예를 들어 일반상품의 소비자는 당근을 구입할 때 '더 좋은 것'보다는 '더 싼 것'을 찾는다. 그래서 헬로네이처는 자본을 바탕으로 한 가격 경쟁력 대신 새롭게 차별화된 시스템을 무기 삼아 좀 더 나은 품질의 상품을 제공할 수 있는 유기농 시장을 택했다.

이렇게 시장을 공략해 2011년에 사업을 시작한 헬로네이처는 매년 100%씩 빠른 성장을 보이고 있다. 농산물은 박 대표에게 아주 생소한 분야였지만, 그만큼 치밀한 분석을 바탕으로 뛰어들었기에 가능한 결과였다.

유통업자만 웃는 농산물 시장

'올해는 배추가 풍년이라 가격이 많이 저렴해지겠습니다'라는 뉴
스를 보고 한 소비자가 가벼운 마음으로 마트에 간다. 하지만 마트
에서 본 배추는 결코 저렴하지 않다. 농부들은 배추 가격이 너무
떨어졌다며 볼멘소리를 하는데 소비자들은 생각보다 싸지 않다며
구입을 망설인다. 왜 이런 현상이 벌어지는 것일까? 바로 유통단계
때문이다.

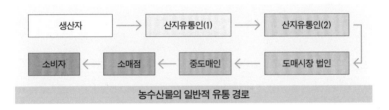

농수산물의 일반적 유통 경로

생산자의 손을 떠나 소비자에게 도착할 때까지 농산물은 한눈에
봐도 많은 유통 단계를 거친다. 생산자에게서 농산물을 사가는 산
지 유통인, 그 산지 유통인에게서 또 물건을 사가는 중간 도매상, 그
리고 그다음의 소매상에 이르기까지 농산물이 소비자의 손에 들어
가는 길은 멀기만 하다. 또한 이러한 여러 단계의 유통 과정은 농산
물의 가격, 신선도 등에 의문을 갖게 할 뿐만 아니라 각 단계의 종사
자들이 서로 상충하게 한다. 생산자는 높은 가격을 받으려 하고, 소
비자는 낮은 가격에 구매하고자 하며, 중간상은 최대의 이윤을 추
구하려 하니 당연히 이해가 대립되고 상호 간에 입장 차이가 생길

수밖에 없다. 또한 중간 유통상이 많을수록 배추 가격은 생산자와 소비자가 바라는 이상적인 가격에서 점점 더 멀어지기 마련이다.

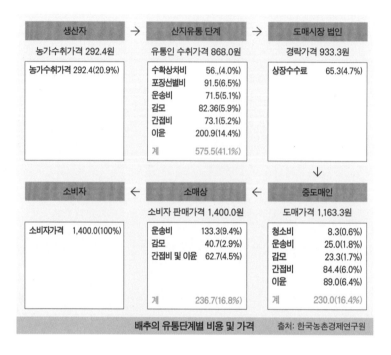

생산자	→	산지유통 단계	→	도매시장 법인
농가수취가격 292.4원		유통인 수취가격 868.0원		경락가격 933.3원

배추의 유통단계별 비용 및 가격   출처: 한국농촌경제연구원

어떤 사업 분야에서든 성공 가능성을 조금이라도 더 높이려면 시장 주체들을 정확히 이해해야 한다. 헬로네이처 역시 농산물 시장의 주체를 개략적으로 생산자, 소비자, 중간 판매상으로 보고 그들의 상황과 입장을 파악했다.

농산물 시장에서 정보 비대칭이 심각한 이유는 바로 생산자와 소비자 사이의 유통 단계 때문이다. 유통 단계의 중간 판매상은 이미 시장 장악력을 가지고 있기 때문에 새로운 것에 대한 니즈가 없었던 반면 생산자와 소비자는 그렇지 않았다. 우선 생산자는 자신만의 판매창구를 갖고자 하는 니즈가 강했다. 농협, 도매시장, 대형마트 등 농산물을 판매할 수 있는 곳이 지극히 한정적인 탓에 도매시장에서 가격을 낮게 책정하더라도 울며 겨자 먹기로 판매할 수밖에 없기 때문이었다. 또한 블로그, 웹사이트 등 자신만의 판매창구를 갖게 됐다 하더라도 포장, 배송, 관리 등 소비자를 위한 서비스를 제공하는 과정들이 너무 어려웠다.

소비자들 역시 정말 신선한 농산물을 믿고 살 수 있는 직거래 창구에 대한 니즈가 상당했다. 직거래로 구입하는 농산물이 맛도 있고 몸에도 좋다는 것은 알지만 막상 믿음이 가는 온라인 거래 공간을 찾아서 이용하는 것이 어려웠기 때문이다. 설사 그런 곳을 찾았다고 하더라도 계좌이체 방식의 결제만 가능한 등 결제 시스템이 불편하기 일쑤였고, 구매 과정에서 발생하는 문제를 원활히 해결해 줄 수 있는 온라인 사이트를 만나기도 힘들었기에 소비자들은 일반 온라인 쇼핑몰처럼 쉽게 유기농산물을 구입할 수 있는 곳을 원하고 있었다.

헬로네이처는 이러한 조사를 통해 생산자는 농산물 판매에 있어 갑의 위치가 될 수 있는 독자적인 창구를, 소비자는 믿음을 가지고 농산물을 구매할 수 있는 공간을 필요로 한다는 니즈를 파악한 뒤 생산자와 소비자를 모두 만족시킬 수 있는 서비스를 제공하기로 결심했다.

직접 보지 않아도 믿을 수 있게 한다

평생 농사만 지으신 분들이 온라인으로 물건을 판다? 신선도가 생명인 농산물을 온라인으로 산다? 전자상거래야 이전부터 있어왔지만 온라인 공간을 통해 농산물을 거래한다는 개념은 생산자와 소비자 모두에게 낯설었다. 때문에 헬로네이처에게 있어 제일 중요한 것은 두 가지였다. 생산자에게는 '소비자와 직접 만나지 않아도 온라인상에서 실제 거래가 가능하고 농가에도 도움이 될 것'이라는 신뢰를 심어주고, 소비자에게는 '맛있고 신선할 뿐만 아니라 안전한 먹을거리를 제공하는 곳'이라는 믿음을 얻는 것이 그것이었다. 생산자와 소비자, 이 두 고객 집단의 신뢰를 얻기 위해 헬로네이처는 많은 활동을 전개했다.

자신만의 판매 채널로 생산자의 신뢰를 얻다

헬로네이처에게는 물건을 사는 소비자뿐 아니라 물건을 파는 생산자 역시 고객이다. 그렇기 때문에 이 둘에게 모두 신뢰를 얻는 것이 관건이었다. 헬로네이처는 우선 상품 조달을 위해 생산자들의 신뢰를 얻는 것에 집중했다. 하지만 평생 농사만 지은 사람들을 '온라인을 통해 당신들의 물건을 팔아주겠다'라며 설득하는 것은 만만치 않은 일이었다. 생산농가들이 전자상거래에 대해서는 전혀 모르고 있었기 때문에 제휴를 맺는 과정에서 굉장히 많은 시행착오가 있었던 데다 사업 초기단계에서는 판매수량이 그리 많지도 않았던 탓이었다.

본디 거래는 거래 당사자들이 거래를 통해 서로 이득을 본다는 판단이 서면 체결된다. 그래서 헬로네이처는 처음 생산자들을 만났을 때 '지금보다 더 좋은 가격에 물건을 판매해주겠다'라고 그들을 설득했다. 수익이 늘어난다면 생산자들도 당연히 거래에 응할 것이라 생각했던 것이다. 하지만 돌아오는 반응은 싸늘했다. 생산자들이 헬로네이처를 사기꾼으로 여기며 끊임없이 의심했기 때문이다. 헬로네이처의 사업에서 가장 많은 시행착오를 겪은 부분이 바로 생산농가의 확보였다.

적지 않은 시간이 필요하겠지만 거래 이전에 생산자와 헬로네이처가 감성적인 교류를 통해 서로를 알아가는 단계가 필요하다는 것을 깨달은 박 대표는 전략을 바꿨고, 그때부터 생산자들과 많은 시간을 보내고자 노력했다. 직접 찾아가서 같이 일하고, 같이 밥 먹고, 같이 얘기를 나누며 서로의 입장을 이해하고자 했다. 조금씩 신뢰가 쌓이자 헬로네이처의 판매량을 생산자들에게 보여주며 그 신뢰를 더욱 견고히 다졌고, 이러한 경험을 바탕으로 생산자들을 조금씩 더 확보할 수 있었다.

사업을 위해 생산자들을 확보하던 초기 단계를 지나자 헬로네이처는 본래의 목적이었던 서비스 프로바이더가 되기 위한 고민을 시작했다. 이전에 농가에서 물건을 사가던 중간 판매상들은 농산물을 수확해서 트럭에 물건을 실어갈 뿐이었다. 하지만 헬로네이처는 단순히 물건을 팔아주는 것뿐만 아니라 농가 작물의 품질을 높일 수 있는 서비스까지 제공하고자 했다.

헬로네이처의 소포장 서비스는 이런 배경에서 탄생했다. 실제로 1kg씩 포장된 쌈채소를 팔던 농가가 있었다. 헬로네이처가 조사한 바에 따르면 소비자들은 1kg보다 더 적은 용량의 쌈채소를 원하고 있었기에 해당 농가에 '600g짜리 상품을 만들면 좋을 것 같다'고 권고했다. 처음에 생산자는 "600g의 쌈채소 가격이 2,000원인데 3,000원의 배송비를 내면서까지 누가 사겠냐"라며 배보다 배꼽이 더 큰 격이라고 반대했다. 하지만 600g 포장 상품이 출시되자 예상보다 더 많이 팔렸을 뿐 아니라 1kg짜리 상품의 판매량도 늘었다. 소비자 입장에서 1kg짜리 상품만을 봤을 때는 대용량이라는 데 부담을 느껴 구매를 꺼리지만, 600g짜리 상품과 함께 볼 경우에는 '600g을 살 바에는 차라리 1kg을 사는 것이 낫겠다'라고 판단하는 경우가 많기 때문이다. 또한 헬로네이처는 고객들이 A 지역의 토마토에 대해 뜨거운 반응을 보이면 그것을 B, C, D 지역의 토마토 재배 농가에 보내 상품 개발에 도움을 주기도 한다.

헬로네이처에 대한 생산자들의 만족도는 높은 편이다. 일반인들은 그 이유를 농가들이 기존에 없던 새로운 소득을 거뒀거나 기존 소득이 어느 정도 증가했기 때문이라고 생각하겠지만, 생산자들이 헬로네이처를 마음에 들어 하는 실제 이유는 그와 다르다.

농가들이 가장 만족스러워하는 것은 자신이 통제할 수 있는 자신만의 판매 채널이 생겼다는 점이다. 기존에 생산자들이 농산물을 팔았던 곳은 도매시장, 농협공판장 등 이미 가격이 정해져 있는 곳이었기에 가격에 불만이 있어도 어쩔 수 없이 판매해야 했다. 또한 농산물에게 있어 시간은 곧 신선도와 직결되므로 생산자들은 물건이 썩기 전에 팔아야 한다는 부담에 눌려 중간 판매상들에게 휘둘릴 수밖에 없었지만, 그와 달리 헬로네이처에서는 생산자가 가격, 판매 여부 등의 사항을 통제할 수 있었다. 헬로네이처는 단순히 물건을 싸게 사서 비싸게 파는 방법을 고민하는 유통업자, 혹은 생산자와 소비자를 연결해주는 브로커가 아니라 상품의 가치를 높이기 위해 농가와 함께 고민하는 서비스 프로바이더였기에 가능한 일이었다.

'안전한 먹을거리'로 얻은 소비자의 신뢰

물건을 팔 사람이 생겼으니 이제 물건을 살 사람을 확보해야 했다. 하지만 소비자들에게 '헬로네이처는 안전하고 맛있는 먹을거리를 판매한다'는 사실을 알리는 것 역시 어려운 일이었다. 일반적인 소비자들은 먹을거리, 그것도 농산물을 눈으로 직접 보지 않고 온라인을 통해 산다는 점을 꺼리기 때문이다. 그러나 헬로네이처는 소비자들의 이러한 반감을 역으로 이용, 온라인이기 때문에 오프라인에서는 알 수 없는 정보들을 제공해줄 수 있다는 전략을 펼쳤다.

'수박은 두드렸을 때 맑은 소리가 나는 것이 좋다' 혹은 '토마토는 색이 붉으면서 무르지 않아야 맛있는 것'이라는 등을 이야기하며 사람들은 농산물을 직접 보고 고르면 충분히 좋은 상품을 살 수 있다고 생각한다. 하지만 막상 시장에 가서 보면 어떤 것이 정말 좋은지를 분별하기 어렵다. 또한 가판대에 진열되어 있는 상품의 경우

외형과 원산지 표시 외의 사항들, 즉 누가 키웠고 어떤 과정으로 얼마 만에 시장에 나온 것인지를 알 수 없다.

헬로네이처는 바로 이러한 점을 노렸다. 다시 말해 온라인이기 때문에 오히려 상품에 대한 정보를 자세히 제공할 수 있다는 점에 착안한 것이다. 비록 소비자들이 농산물을 직접 보거나 만져볼 수는 없지만 누가 어디에서 어떻게 키웠고 수확한 지는 얼마나 되었으며 유해하지 않은 성분을 사용했다는 등 해당 농산물이 갖고 있는 정보들을 온라인을 통해 소비자들에게 훨씬 세세히 알릴 수 있었다.

이와 더불어 각 농산물 상품이 안전한 먹을거리임을 소비자에게 알리기 위해 품질 역시 꼼꼼히 확인했다. 헬로네이처의 품질검증은 직접 현장을 방문에서 확인하는 현장검증, 상품을 판매하기 전에 이루어지는 사전검증, 상품이 판매된 후에 꾸준히 이뤄지는 사후검증 등 세 단계로 나뉜다. 농산물은 공장에서 일정한 규격에 맞춰 생산하는 것이 아니기 때문에 제품의 품질이 균일할 수는 있지만 완전히 똑같을 수는 없다. 사과 한 박스라 해도 색깔이나 크기가 완벽히 동일한 사과들로 채워지기는 불가능하다는 뜻이다.

농산물을 판매하고자 하는 생산자를 찾았을 때 헬로네이처가 해당 농가를 무조건 먼저 방문해서 생산자가 어떤 마음으로 농산물을 키우고 있는지, 농지 주변의 환경은 어떠한지, 실제 제품의 품질은 어느 정도인지를 정성적으로 평가하는 것도 이 때문이다. 정성적 평가의 객관적인 기준을 제시하기는 어렵지만, 실제로 생산자들을 만나보면 자신의 상품에 대해 얼마나 자부심을 가지고 있는

지 직관적으로 느낄 수 있다고 한다.

이렇게 현장검증을 통과하면 그 상품의 실제 판매 여부를 결정하는 사전검증을 한다. 사전검증은 잔류농약검사, 중금속검사, 방사능검사 등으로 이루어지는데, 이러한 과정을 통해 안전한 먹을거리인지 보다 정밀하게 확인한 다음에는 일반 소비자들로 구성된 품질위원회의 검증을 받는다. 공개모집으로 선발된 품질위원들은 상품이 판매되기 이전에 직접 상품을 사용해보고 평점을 매기는데, 이들로부터 3점 이하를 받는 농산물은 판매될 수 없게 했다.

이상의 인증 단계들을 무사히 마친 상품은 드디어 소비자들을 만날 수 있다. 하지만 판매가 시작된 다음에도 헬로네이처는 소비자들에게 좋은 제품을 제공하기 위해 상품의 품질을 꾸준히 관리한다. 헬로네이처의 영업팀은 3개월에 한 번씩 농가를 직접 방문해 그 사이에 상황이 어떻게 변했는지, 품질은 균일하게 유지되는지 등을 확인한다. 또한 손님으로 가장하고 매장을 방문해서 상품과 서비스를 평가하는 미스터리 쇼퍼mystery shopper 형식으로 품질을 확인하기도 한다. 이렇게 꼼꼼히 이루어지는 품질 관리는 소비자들에게 헬로네이처에 대한 믿음을 더욱 키워주었다.

소비자의 신뢰는 소비자를 기만하는 생산자를 엄격히 제재하는 헬로네이처의 정책을 통해 더욱 공고히 쌓인다. 1kg짜리 상품이어야 함에도 내용물의 실제 용량이 800g이었다거나, 눈에 보이는 부분에는 좋은 상품을 진열한 반면 눈에 보이지 않는 부분에는 불량상품을 배치한다거나 하는 등의 비도덕적 행위나 눈속임을 저지르는 생산자는 헬로네이처에서 강제 퇴장되거나 강력한 제재를 받는다. 덕분에 헬로네이처에서 직접 구매해본 소비자들은 대부분 만족할 뿐 아니라 재구매율 역시 70% 정도로 높은 편이다.

온라인상으로 거래가 이루어지는 헬로네이처의 입장에서 소비자들의 신뢰를 확보하는 일은 매우 중요하다. 소비자들이 헬로네이처를 믿고 농산물을 구매할 수 있어야 더 많은 고객을 유치할 수 있으며, 이런 소비자들이 많아야 생산자에게 더욱 매력적인 직거래 공간이 될 수 있기 때문이다. 단순히 생산자와 소비자를 연결시켜주는 브로커가 아닌, 생산자와 소비자 모두에게 이로운 서비스 프로바이더가 되기 위해서는 앞으로 더 많은 소비자들의 신뢰가 필요하기에 헬로네이처는 지금도 끊임없이 노력 중이다.

고객의 소리에 귀 기울이다

헬로네이처는 지금 가장 중요한 것이 무엇인지를 잘 알기 때문에 상황 판단력이 빠르고 실천력이 강하다. 초기에는 생산자를, 현재는 소비자를 모으는 것에 주력하고 있다. 더 많은 소비자들을 모으는 데 가장 효과적인 방법은 고객의 소리에 귀를 기울이는 것이기에 헬로네이처는 두 달에 한 번씩 정기간담회를 개최한다. 간담회는 헬로네이처가 고객을 직접 찾아가서 가지거나, 추첨을 통해 몇 사람을 모아서 이루어지기도 한다. 이렇게 고객을 만나는 자리에는 박병열 대표가 반드시 참석해 함께 이야기를 나눈다. 박 대표는 아무리 바쁘거나 아무리 몸이 아파도 고객들의 생생한 이야기를 듣기 위해 이 자리에 절대 빠지지 않는다. 또한 소비자들이 홈페이지 고객센터에 올려주는 글도 쉴 없이 모니터링한다. 좋은 이야기든 나쁜 이야기든, 고객들의 이야기를 빠짐없이 듣기 위해 헬로네이처의 모든 촉각은 고객을 향해 곤두서 있다.

물론 고객을 세세히 응대한다는 것이 수월한 일만은 아니었다. 몇 시간에 걸쳐 고객의 불평을 들은 적도 있다. 강원도에 사는 고객 A씨는 재구매한 김치가 너무 맛이 없다며 불만을 표했다. A씨는 자신이 맛의 고장인 전주 출신인 데다 절대미각의 소유자이기 때문에 음식의 맛을 정확히 아는 사람이라며 김치에 대한 불만을 쏟아냈다. 헬로네이처는 너무나 주관적인 이유들로 김치가 맛없다고 평가하는 고객에게 어떻게 대처해야 할지 난감했다.

다른 기업들은 단순히 환불해주고 끝낼 수도 있는 일이었지만, 헬로네이처는 달랐다. 고객이 구체적으로 어떤 점에 대해 불만을 느꼈는지, 왜 그렇게 생각했는지, 헬로네이처의 입장은 어떠한지에 대해 긴 시간 많은 이야기를 나누었다. 결국에는 헬로네이처와 A씨가 서로의 입장에 대해 공감하고 이해할 수 있었고, 그래서 A씨에게 제품을 다시 보내주는 것으로 사건이 일단락됐다. 말도 안 되는 트집이라며 A씨를 블랙컨슈머로 여기거나 단순히 환불조치를 취하지 않고 고객의 이야기를 겸손한 자세로 받아들인 결과, A씨는 현재 헬로네이처 최고의 VIP 고객 중 한 명이 되었다. 일개 고객의 이야기도 허투루 듣지 않는 것, 그것이 지금 헬로네이처가 가장 중요하게 여김과 동시에 가장 주력하는 일이다.

서비스 프로바이더로서의 사명감이 생기다

박병열 대표는 시장성이 높고 경쟁자들이 적은 분야라는, 지극히 비지니스적인 관점에서 농산물 사업을 시작했다. 때문에 헬로네이처의 초기 단계에서는 사업을 통해 무언가를 성취하겠다는 개인적인 욕구가 앞섰지만, 지금은 사명감이 생겼다. 고객들을 만나다 보니 생산자와 소비자에게 헬로네이처가 단순한 유통업체가 아닌, 그들의 삶에 영향을 주는 무언가로 자리 잡고 있었기 때문이다.

헬로네이처는 직원들에게도 삶의 일부가 되어가고 있다. 정산을 하고 소비자의 피드백을 전하면서 아무래도 생산자들과 자주 접촉하다 보니 자연스레 인간적인 교류도 늘었다. 생산자가 결혼을 하면 화환을 보내주고, 아기를 낳으면 기저귀를 선물해주거나 다치면 병문안을 가기도 한다. 언젠가 생산농가의 어르신 한 분이 다치셨을 때는 헬로네이처가 소비자들이 보낸 응원의 메시지를 모아 병문안을 가기도 했다. 어르신 부부는 정말 좋아하시며 고객들에게 감사하는 영상을 보내셨는데 이 영상은 홈페이지에 게재되기도 했다.

헬로네이처는 분명히 생산자와 소비자 사이를 연결해주는 중간유통상 또는 중간판매상이다. 하지만 이것은 위치일 뿐이다. 만약 그들이 정말 중간유통상만이 되고자 했다면, 그들은 어떻게 하면 물건을 조금 더 싸게 사서 비싸게 팔 수 있을지를 고민했을 것이다. 그러나 헬로네이처의 고민은 달랐다. 그들은 농가와 함께 상품의 가치를 높이는 고민을, 소비자와는 함께 안전하면서도 맛있는 먹을거리를 얻기 위한 고민을 했다. 즉, 타인들이 바라보는 자신의 위치가 아닌 자신이 만든 역할에 충실하고자 했던 것이다. 그래서 지금도 생산자에게는 독자적인 판매창구인 동시에 유용한 정보를 받을 수 있는 곳, 소비자에게는 믿고 구입하는 먹을거리 장터의 역할을 할 수 있는 서비스 프로바이더가 되기 위해 노력 중이다. 단순히 일회적으로 상품을 파는 회사가 아닌, 사람들 삶의 한 부분이 될 수 있는 역할을 하겠다는 신념하에 먹을거리를 다루는 그들의 책임감과 사명감은 시간이 지날수록 더욱 커질 것이다.

③ 레진 엔터테인먼트 :
콘텐츠에 대한 애정이 서비스를 키운다

레진 엔터테인먼트는 2013년 6월에 설립 된 만화 서비스 벤처로, 네이버나 다음의 웹툰 서비스와 달리 '20~30대 독자를 위 한 프리미엄 채널'이라는 차별성을 가지 고 있다. '웹툰은 무료'라는 고정관념을

레진 로고

깬 이들은 다음 편을 기다리지 않고 이어서 보려면 결제해야 하는 사업모델을 만들었다. 2014년 4월에는 NC소프트로부터 50억원을 투자 받았고 이 해에 누적 회원 110만명에 매출 100억원을 넘었다. 2015년 상반기에는 일본에 진출하고 하반기에는 영어 서비스를 시 행할 예정이다. CJ E&M과는 전략적 제휴를 맺어 드라마의 웹툰화, 웹툰의 드라마화를 추진하고 있다.

예상 성공 가능성 : 0%

'좋아하는 걸 열심히 하면 성공은 뒤따라온다.' TV나 신문에 나오는 성공한 사람들이 종종 하는 말이다. 개성파 배우에서부터 첼리스트, 디자이너, 로봇 연구가, 스릴러 소설가까지. 이런 얘기를 들을 때면 내가 좋아하는 것은 무엇인지 생각해보게 되는데, 책 읽기, 영화 보기, 음악 듣기처럼 진부하기 짝이 없는 취미들만이 떠오르면 '저런 사람들의 성공 같은 것은 남의 일이구나' 하는 생각이 들기도 한다. 남들이 쉽게 시도하지 않는 특별한 것을 좋아하고, 열심히 해야 빨리 성공하는 거라고 지레 생각해버리기 때문이다.

하지만 여기, 모두가 좋아하는 '만화'로 성공한 대단한 회사가 있다. 바로 웹툰 서비스 채널인 레진 코믹스를 운영하는 레진 엔터테인먼트(이하 레진)이다. 이미 레드오션이 된 듯했던 웹툰 시장에서 레진이 설립 첫 달부터 손익분기점을 넘길 수 있었던 이유는 역설적이게도 이들이 평범하게 만화를 좋아하는 사람들이기 때문이었다.

레진의 구성원들 중 만화를 단순히 '직장'이나 '생계수단'으로 생각하고 시작한 사람은 없다. 어렸을 적 부모님이 만화가게를 했던 권정혁 CTO는 물론이고 고등학생 때부터 만화와 관련된 일을 하고 싶었다는 한희성 대표, 대기업에 갈 수 있었는데도 '만화'이기 때문에 레진으로 온 다섯 명의 개발 경력자들까지. 신입사원을 채용할 땐 "만화를 좋아하세요?"가 첫 질문이고, 좋아하는 만화작가가 미팅 차 방문할 때면 '이 나이 먹은 내가 사인해달라고 해도 될까?' 하고 주저한다.

그들이 웹툰 시장에서 새로운 기회를 찾을 수 있었던 것은 이런 면면들이 있었기 때문이다. 만화 팬으로서 만화 시장을 가까이서 지켜봐왔던 이들은 분명히 돈을 주고 볼 만한 프리미엄 웹툰에 대한 수요가 생기고 있다고 생각했고, 만화의 유료화가 만화 시장의 악습을 해결할 대안이라고 믿었다. 하지만 만화를 돈 받고 팔겠다는 사업 모델을 구상하고 첫 수익이 나기 전까지, 주변의 거의 모든 사람들은 레진이 성공할 가능성이 없다고 말했다. 어떤 투자자들은 서슴없이 '망할 거다'라는 말까지도 내뱉었다.

대한민국 콘텐츠 잔혹사

사실 콘텐츠 사업은 자본을 들이붓는 대기업이 해도 성공하기 어렵다. 특정 콘텐츠에 대한 수요나 성공 여부를 예측하기 어렵기 때문이다. 콘텐츠가 아날로그에서 디지털로 변화한 지는 꽤 됐지만 이에 맞는 유통망 구조나 가격 체계, 거래 시스템은 아직도 안착하지 못했다. 이제는 콘텐츠가 성공한다 해도 불법으로 복제돼서 공짜로 유통된다. 2000년대 초반 많은 인터넷 업체들이 무료 콘텐츠를 통해 회원을 유치하고 광고수익을 얻는 전략을 취했던 것도 '디지털 콘텐츠는 공짜'라는 지금의 사회적인 인식을 만들어내는 데 일조했다. 생산자와 판매자 사이의 고질적인 불신도 빠질 수 없는 문제다. 디지털 콘텐츠를 유료화하거나 수익 방안을 다각화하려는 노력은 2000년대 초부터 끊이지 않았지만 게임 콘텐츠를 제외하고는 성공을 거둔 사례가 거의 전무하다.

영화, 음원, 책, TV 프로그램, 게임 등 이 많은 콘텐츠들 중에서도 만화야말로 사람들이 가장 돈을 쓰지 않는 콘텐츠다. 만화방에서 돈을 주고 만화책을 빌려보던 것은 어느새 호랑이가 담배 피우던 시절의 일이 되어버렸다. 이제는 24시간, 언제 어디서든 웹툰을 무료로 볼 수 있으니 말이다. 웹툰이 처음 등장한 2003년 이래 10년이 지난 지금은 국내 만화시장의 80% 이상을 웹툰이 차지하고 있다. 웹툰의 수익화 방안에 대한 연구와 시도가 활발하게 이뤄진 것도 2013년에 이르러서의 일이다.

온라인에서 만화를 유료로 팔고 있는 곳을 한번 떠올려보자. 네이버와 다음에서 연재됐던 웹툰 중 일부가 유료로 전환됐다. 리디북스나 교보문고 Sam에서는 출판 만화를 e-book으로 판매 중이고, 출판 만화의 경우에는 롱테일 전략으로 수급이 가능한 거의 모든 만화책들이 온라인 마켓에서 거래되고 있다. 네이버 N스토어 같은 콘텐츠 전자상거래에서도 만화 콘텐츠를 취급한다. 출판 만화 외에 몇몇 성공한 웹툰이 유료화된 경우를 제외하면 팔리고 있는 웹툰은 없다. 성공적으로 유료화한 웹툰의 전형으로 꼽히는 주호민 작가의 네이버 웹툰 '신과 함께'는 유료화 직후 두 달 동안 3,700만 원 가량의 매출을 올렸다.

이후 네이버는 웹툰에 유료판매, 간접광고 등이 결합된 PPSPage Profit Share를 적용했다. PPS는 광고와 콘텐츠 판매를 결합한 새로운 수익 모델로, 작가가 선택적으로 콘텐츠 유료판매와 광고를 유연하게 적용할 수 있다. 이 새로운 사업 모델로 네이버 웹툰은 한 달간 5억 8,900만 원 가량의 매출을 기록했다. 월 평균 방문자가 1,700만 명에 이른다는 네이버 웹툰으로서는 능력에 못 미치는 수익이라고 할 수밖에 없다. 하지만 언론에서는 '신과 함께'와 PPS를 바람직한 수익화 사례로 치켜세웠다. 웹툰 시장이 그만큼 척박하기 때문이다. 그렇기에 그 누구도 쉽사리 웹툰을 전면적으로 팔겠다고 할 수 없었다. 레진이 새로운 웹툰 시장을 정의하고 부분 유료화 사업 모델을 들고 나오기 전까지는.

대기업도 실패하는 만화 사업

지금까지 만화 유통 사업자들이 고전했던 가장 큰 이유는 자본이 부족해서도, 사회적 인식이 건전하지 못해서도, 디지털 인프라가 불편해서도 아니었다. 레진의 권 CTO가 지적하는 가장 큰 이유는, 만화를 바라보는 그들의 시각이 만화를 불법으로 유통하는 사람들의 그것과 크게 다르지 않기 때문이었다.

온라인에서 출판 만화와 웹툰은 서로 다른 유통 양상을 보인다. 출판 만화의 경우 작가가 만화를 연재하면 출판사에서 이를 묶어 책으로 출간하지만, 웹툰은 작가가 작품을 디지털로 작업해 온라인 사이트에 먼저 연재한다. 또한 출판사가 비교적 많고 출판물의 성격도 다양한 출판 만화와 달리 웹툰은 온라인 유통 채널의 수가 제한적이다. 현재 웹툰을 서비스하는 곳은 포털 사이트인 네이버와 다음, 통신사인 KT와 SKT인데 이들은 모두 대중적인 장르를 취급하는 데다 무료로 웹툰을 제공하고 있다. 다루는 만화의 종류에 상관없이 대부분의 온라인 만화 유통사들도 만화 시장에 대해 진지하게 생각해보지 않았을 것이다. 만화를 불법으로 유통하는 사람들은 그 만화에 돈을 낼 만한 가치가 있다고 생각하지 않고, 그저 잠깐의 유흥거리로 여기기 마련이다. 만화가나 유통사가 입을 피해를 고려하지 않는 것은 물론 그 만화의 미래도 생각하지 않는다. 온라인 만화 유통사들 역시 콘텐츠로서 만화가 가지는 가치를 진지하게 바라보기보다는 다른 목적의 수단으로 만화를 사용하고 있다. 출판 만화를 제공하는 온라인 플랫폼은 모든 만화의 가치를 평균화시키는 정액제를 도입하고, 불법 유통되는 만화와 다를 바 없이 1페이지의 너비가 530픽셀인 이미지를 제공한다(만화를 공급하는 대부분의 전자책 플랫폼이나 전자상거래 사이트에서는 이미지 전송 시에 발생하는 트래픽의 문제로 530픽셀 정도의 해상도를 유지하고 있는데, 이는 불법으로 유통되는 스캔 만화의 해상도와 비슷한 수준이다). 이렇다 보니 독자들은 보고 싶은 만화가 있으면 번거롭게 합법적인 방법을 이용하기보다는 웹하드에서 다운받는 쪽을 선택한다. 퀄리티 면에서는 어차피 똑같기 때문이다.

2000년대 초 7,000억 원 규모였던 만화 출판 시장은 현재 절반도 안 되는 2,800억 원까지 줄어들었다. 따라서 만화 작가는 물론 출판 만화사까지도 설 자리를 잃고 있다. 결과적으로 '공포의 외인구단'(이현세/김민기 작), '타짜'(허영만/김세영 작), '26년'(강풀 작), '삼국지'(고우영 작)의 뒤를 잇는 대작 만화가 뜸해지고 있다.

웹툰도 출판 만화와 크게 다르지 않은 상황에 놓여 있다. 웹툰을 연재하는 사이트들은 이용자 유입을 유도하는 수단으로 무료 웹툰을 사용한다. 웹툰으로 돈을 벌 수 없으니 큰 자본을 들이지 않고 다수의 대중을 만족시킬 수 있는 선에서만 한정적으로 운영하는 것이다. 그러자 자연히 만화의 장르적 다양성이 사라졌고 소수의 웹툰 플랫폼에 만화가들이 목매는 현상이 나타났다. 이런 상황에서 레진 엔터테인먼트는 만화 유통업계의 고질적인 문제들을 해결하고, 만화가와 독자, 레진이 모두 행복해질 수 있는 선순환을 만들고자 했다.

웹툰 시장의 틈새를 공략하다

권 CTO는 "레진 엔터테인먼트는 만화에 대한 진지한 태도에서 문제 해결의 실마리를 찾는다"라고 말한다. 만화라는 콘텐츠가 가진 가치에 대한 비전과 신뢰가 있어야만 만화의 유료화를 실현시킬 수 있다는 얘기다. 레진에 합류한 사람들은 어렸을 적 만화방에서 1,000원을 내고 한 시간 동안 열심히 만화책을 읽었던, 만화를 좋아하는 사람들이다. 그러나 돈을 주고 만화책을 읽었던 10~20년 전과 지금의 상황은 아주 다르다. 요즘 청소년들은 만화책을 접해 본 적이 거의 없고, 만화라면 당연히 웹툰을 떠올린다. 지금의 대중에게 익숙한 만화는 무료로 볼 수 있는 가벼운 만화들이다.

투자자들이 레진에게 망할 것이라고 말했던 이유가 바로 이것이다. 다들 무료로 웹툰을 보는 세상에서 어떻게 작은 스타트업이 유료 모델로 비즈니스를 해낼 수 있겠냐는 의미였다. 만화의 가치에 맞는 적합한 가격 체계로 보다 다양한 장르의 만화를 연재하겠다는데도 만화 시장은 레진을 환영해주지 않았다. 만화 출판사들은 냉랭했고 심지어 지금 레진의 가장 큰 수혜자인 작가들조차 그때는 '유료 웹툰은 안 될 것이고 불법 복제를 피하기 힘들 것'이라는 선입견을 가지고 있었다. 그러한 주위의 완강한 만류와 걱정에도 팀원들은 레진의 성공을 믿었다. 웹툰에 대한 수요의 성격이 조금씩 변하고 있음을 포착했기 때문이다.

웹툰이 시작된 지 10년이 지나고, 처음으로 웹툰을 접했던 청소년들은 이제 20~30대가 됐다. 독자들은 나이가 들면서 점차 진지한 주제의 웹툰에 대한 갈증을 느끼기 시작했다. 윤태호 작가의 '미생'이나 주호민 작가의 '신과 함께'가 성공한 것도 독자들의 새로운 취향을 충족시킬 수 있었기 때문이다. 그런데 시장에는 좋은 만화에 대한 성숙한 수요를 충분히 만족시킬 만한 만화 플랫폼이 없었다. 포털에서 연재되는 웹툰 중 이런 수준의 것들은 손에 꼽을 정도로 그 수가 적다. 네이버 웹툰은 초·중·고등학생, 다음의 웹툰은 20대를 주요 타깃으로 설정하기 때문이다. 또한 포털의 웹툰은 나수의 대중을 한정된 수의 웹툰으로 만족시키려다 보니 장르도 제

	레진 코믹스	N 포털 웹툰
장르 수	18	13
작가 수	약 300명	171
주 이용층	20~30대	청소년

레진코믹스와 N포털 웹툰 서비스의 연재만화 비교(2015년 3월 기준)

한적이다.

레진은 이 비어 있는 틈새를 채울 수 있는, 다양하고 깊이 있는 주제의 웹툰이 연재되는 플랫폼을 만들고자 했다. 다만 다른 사이트들이 하는 것처럼 무료 웹툰을 연재할 수는 없었다. 초기 콘텐츠를 무료 배포할 정도로 자본이 충분하지 않은 이유도 있었지만, 무엇보다 무료 웹툰 연재는 '만화도 프리미엄 콘텐츠가 될 수 있다'는 신념에 반하는 것이기 때문이었다. 무료 웹툰으로는 만화 시장에 돈을 공급하지 못하고, 이는 만화가들이 거대 포털이 아닌 다른 작품활동 공간을 찾지 못한 채 만화를 포기하는 결과로 이어진다.

그래서 레진은 '유료 만화'라는 다른 논리로 접근하기로 했다. 모두가 실패를 확신했지만 독자들에게 충분한 가치를 부여하는 서비스를 만들 수 있는 자신이 있었기에 쉽지 않은 도전을 시작한 것이다.

성공의 레시피: 독자와 작가 모두가 행복하게

레진 코믹스를 만들면서 가장 중요하게 생각했던 것은 '좋은 만화'만을 공급하는 것이었다. '좋은 만화를 공급'하려면 우선 만화들이 재미있어야 하고, 보기 쉬워야 하며, 결제 방식 또한 번거롭지 않아야 한다. 다른 서비스 업종에서는 당연히 중시되는 이런 점들이 만화 시장에서만큼은 그렇게 여겨지지 않았다. 만화 출판사들은 새로운 기술을 받아들이는 데 보수적이었고 웹툰 플랫폼들은 굳이 추가적인 자본을 들여 발전할 필요를 느끼지 못했기 때문이다.

인터넷 포털 파란Paran을 운영했던 포털 기업 KTH에서 근무한 경험이 있는 권 CTO와 개발자들은 레진이 정체되어 있는 만화 시장에 새로운 바람을 불러올 수 있길 바랐다. 그래서 '좋은 만화의 공급'에는 재미와 쉬운 결제, 빠르고 편리한 이용이라는 세 가지 요소가 필요하다는 데 의견을 같이하고, 이를 기준으로 사업의 방향을 결정했다.

이들이 가장 먼저 한 작업은 '레진에서 연재하는 만화는 모두 재미있다'는 인상을 독자에게 줄 수 있도록 만화를 선별하는 것이었다. 아마존Amazon의 성공 법칙이었던 롱테일 전략에 따라 가능한 한 많은 콘텐츠를 수급하는 전자책 플랫폼이나 온라인 콘텐츠 마켓과 반대되는 이러한 전략을 취한 이유는, 재미없는 만화가 한 번이라도 팔리면 수익은 얻겠지만 그 대신 플랫폼에 대한 독자의 신뢰를 잃을 수 있다는 판단 때문이었다.

레진은 재미있는 만화를 어떤 방식으로 제공하는가도 '좋은 만화를 공급'하는 과정의 일부라 여기고 이 점에 주목했다. 레진 코믹스의 특징 중 하나는 댓글과 공유 기능이 없다는 것이다. 온라인 플랫폼 서비스라면 가장 기본적으로 가지고 있는 것이 사용자가 참여할 수 있는 연결망이다. 하지만 레진은 그보다는 만화를 편리하게 볼 수 있는 크로스 뷰어cross viewer 기능(상하 또는 좌우로 끊임없이 볼 수 있는 스크롤 만화와 페이지를 넘겨 보는 페이지 만화를 동시에 지원하는 기능)이나 결제 수단, 이미지 로딩 기술을 연구하는 것이 우선이라고 생각한다. 또 만화를 연재하는 작가들이 더 좋은 만

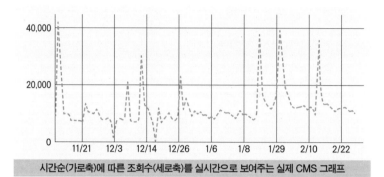

시간순(가로축)에 따른 조회수(세로축)를 실시간으로 보여주는 실제 CMS 그래프

화를 그릴 수 있도록 각 에피소드의 조회수와 구매율을 실시간으로 나타내는 CMSContent Management System를 개발했다.

작가들은 제공되는 CMS를 보고 만화에 대한 독자들의 반응을 객관적으로 살펴봄은 물론 전날의 수익을 직접 계산해볼 수도 있다. 이런 툴은 여타 웹툰 플랫폼에서는 볼 수 없는 것이었다. 덕분에 작가들은 조회수나 구매율이 현저하게 떨어지는 날이면 레진의 콘텐츠 팀과 긴급회의를 하기도 하면서 만화를 발전시켜나간다. 앞으로는 오타 수정 기능이나 번역 기능처럼, 말 그대로 콘텐츠를 '관리'할 수 있는 기능을 CMS에 추가할 계획이다.

모두의 행복에 있어 가장 중요한 재료: 수익 모델

이 모든 만화들을 연재하고 기능들을 개발하는 데 가장 필요한 것은 수익이다. 작가들이 더 좋은 만화를 만들 수 있도록 자극하고, 개발자들이 더 좋은 플랫폼을 만들 수 있는 환경을 제공한 것은 바로 레진의 독특한 수익 모델이다. 권 CTO가 일명 '시간을 파는' 모델이라고 부르는 이 수익 모델은 게임업계의 것을 참고로 하여 만들어졌다. 넥슨이 세계 최초로 개발해 지금은 전 세계 게임의 공식 수익 모델이 된 '부분 유료화' 모델을 벤치마킹한 것이다. '부분 유료화' 모델은 게임을 플레이하는 것 자체는 무료지만 특정 혜택을 누리려면 돈을 주고 아이템 등을 구매해야 하는 방식이다. 예를 들어 모바일 게임 '애니팡'은 누구든지 다운받아서 즐길 수 있다. 하지만 블록을 깨주는 아이템이나 제한 시간을 늘려주는 아이템을 사려면 실제 돈으로 결제해야 한다. 레진은 이렇게 기능의 일정 부분만 유료화한다는 데서 아이디어를 얻었고, 여기에 '시간'이라는 요소를 추가함으로써 더욱 구매욕이 높은 소비자에게 호소하게끔 만들었다. 가령 오늘 올라온 어느 만화의 새로운 에피소드를 곧바로 보고 싶은 사람은 코인으로 비용을 지불해야 하지만, 이 에피소드가 무료로 공개될 때까지 기다릴 수 있는 사람이라면 돈을 낼 필요 없이 시간을 보내면 되게 한 것이다.

2013년 6월 7일에 안드로이드 앱을 출시한 데 이어 8월 17일에 아이폰 앱을 내놓자마자 레진 코믹스는 8월 한 달 만에 8만 명에 가까운 유저를 확보했다. 또한 2013년 한 해 동안 80명의 신인 작가를 배출했고, 그중 한 명의 작품인 '뼈와 살'은 12월 한 달간 1,600만 원가량의 수입을 기록했다. 레진 코믹스에 만화를 처음으로 제공한 모 출판사의 경우에는 단 여덟 편의 작품을 공개했음에도 첫 2주간 1억 원에 가까운 매출을 기록했다. 레진 코믹스가 론칭된 지 1년 반이 지난 2014년까지 약 130만 명의 회원들이 레진에 가입되어 있는데, 그 유저들 대부분이 활발히 활동하고 있는 덕분에 ARPU(Average Revenue per User, 유저당 평균 수익)는 초기와 비슷한 수준으로 유지되고 있다.

한 대학의 만화학과 교수님이 레진에 전화를 해서 고맙다고 인사했다는 에피소드는 레진이 만화업계에 미친 영향의 크기를 가늠케 한다. 예전에는 만화학과 졸업생들이 갈 수 있는 곳이 네이버와 다음 웹툰 등으로 한정되어 있었는데, 장르도 다양하고 성과에 따른 대우를 받을 수 있는 새로운 매체를 탄생시켜줘서 고맙다는 내용이었다.

글로벌 웹툰 허브를 넘어 한국의 마블 엔터테인먼트로

일본의 만화가 우리나라로 전달되는 데는 불과 하루도 채 걸리지 않는다. 일본에서는 만화를 대부분 월간 잡지에 연재하고, 그렇게 한 편 한 편 쌓이면 그것들을 모아 단행본을 만든다. 그리고 이 단행본을 해외에 수출하기 위해 번역을 비롯한 준비과정을 거치는데, 이 과정에는 총 6개월 가량이 소요된다. 그런데 한국에 있는 사람은 일본 잡지에 만화가 실린 다음 날이면 인터넷에서 불법으로 스캔본을 구해서 읽는 것이 가능하다. 화질도 나쁘고 조악하긴 하지만 모두 번역도 되어 있다. 합법적으로 보고 싶은 사람이라도 반년이라는 시간을 기다리다 지쳐 어쩔 수 없이 스캔본을 보는 경우가 많다.

불법 복제를 막고, 만화가 국가 간에 더욱 빠르고 쉽게 유통될 수 있는 플랫폼이 되고자 하는 레진은 그 첫걸음으로 지금 일본 진출을 준비 중이다. 세계 최대 규모의 일본 만화 시장에서 좋은 만화를 발굴해 국내에 소개하고, 반대로 우리나라의 웹툰을 일본에 수출할 경로를 구축하는 것이 목표다.

레진 엔터테인먼트의 궁극적인 목표는 스파이더맨, 헐크, 토르 등 다수의 캐릭터를 만들어낸 마블 엔터테인먼트Marvel Entertainment 와 같은 트랜스미디어transmedia가 되는 것이다. 트랜스미디어는 하나의 스토리를 여러 플랫폼에 걸쳐 다양한 형태로 만들어내는 미디어다. 마블 엔터테인먼트가 처음에는 만화였던 '스파이더맨'을 영화와 뮤지컬 게임으로 만들었던 것처럼, 레진 역시 지금은 웹툰을 공급하는 플랫폼이지만 미래에는 2차, 3차 생산물까지 만들 수 있는 기업이 되길 꿈꾼다. 2014년 2월에는 시나리오와 만화, 영화 간의 연속성을 구축하고자 하는 취지의 제휴를 CJ와 맺기도 했다.

레진 엔터테인먼트는 자신들을 '만화가들의 벤처캐피털리스트'라고 부른다. 잠재성과 리스크가 매우 높은 초창기의 벤처기업에 투자하는 벤처캐피털리스트처럼 레진도 만화의 가치를 찾고, 그 만화와 함께 성장하고자 한다. 벤처 자체에 애정을 가져야만 할 수 있는 것이 벤처캐피털리스트인 것처럼, 레진도 만화에 대한 믿음과 애정이 있었기에 지금의 레진을 만들었고, 또 앞으로의 레진도 만들어 나갈 수 있을 것이다.

강자들의 유통 구조는
어떻게 혁신될 수 있는가?

경제학 개념 중에 파레토 개선pareto improvement라는 것이 있다. 현재의 배분 상태가 비효율적이라면 누구에게도 피해를 주지 않으면서 전체적인 효용을 늘릴 수 있다는 개념이다. 무척이나 당연한 의미를 가진 용어지만 현실에서는 이런 파레토 개선이 쉽게 이뤄지지 않는다. 지금까지 이렇게 해왔다는 관행의 편리함, 다른 사람의 손해에서 이익을 보려는 이기심 등이 그 이유다.

이런 모습을 가장 흔히 볼 수 있는 곳은 단연 유통 산업이다. 이를 반대로 이야기하면 혁신의 기회가 가장 많은 것이 유통 산업이라는 뜻이기도 하다. 그렇기에 최근 유통업계에서의 최대 화두역시 혁신이다. 미국 MIT에서는 학자들과 기업가들이 모여 'The MIT Forum for Supply Chain Innovation'이라는 커뮤니티를 설립, 유통 산업의 혁신을 연구하고 있다. 스탠포드 경영대학원 산하의 'Value Chain Innovation Initiative'는 2013년에 'Global

Supply Chain Management Forum'을 열어 유통 구조의 혁신에 대해 논하기도 했다.

유통 산업에서의 혁신은 다른 분야의 혁신보다 쉬울 수 있다. 유통 과정의 각 단계에서 '흠'은 항상 존재하기 때문이다. 특히 '해오던 방식 그대로'가 많은 유통 구조일수록 그 흠을 찾아내기 또한 수월할 텐데, 이것을 찾아내 해결하는 것이 유통 산업에서의 파레토 개선이라 할 수 있다. 비용이 적게 들고, 공급자와 소비자 모두를 만족시킬 정도로 참신한 개선 방안이 만들어진다면 그 기업은 기존 시장의 존재 방식을 흔들어놓는 파괴적인 플레이어가 될 수 있다. 마이리얼트립과 헬로네이처, 레진 엔터테인먼트 모두 새롭고 비교적 경제적인 방법들로 유통 구조의 문제점을 고쳐나가고 있다.

유통 구조의 네 단계 성숙도

컨설팅 회사 PwCPricewaterhouseCoopers와 MIT Forum for Supply Chain Innovation이 2013년에 함께 진행한 연구[*]에서는 유통 구조를 성숙도에 따라 네 단계로 구분한다. 성숙도가 높을수록 사업의 전반적인 성과가 높고 위기에 대응하는 능력이 뛰어나다.

- 레벨 1

유통 구조를 명목적으로만 관리하는 수준의 기업들이 레벨 1에

---

[*] 'PwC and the MIT Forum for Supply Chain Innovation: Making the right risk decisions to strengthen operations performance'에서는 209개 회사의 성숙도를 측정하고, 이들 사업의 성과를 12개월간 추적했다.[*]

속한다. 이들 수준에서는 유통 과정의 각 단계가 어떻게 운영되고 있는지 불투명하고 단계 간의 교류도 없다. 그렇기 때문에 공급자와 유통업자들 간의 협업이 거의 이루어지지 않고 일 처리 또한 불연속적이어서 비효율적이다. 상품의 원가나 배송비처럼 필수적인 비용 외에 부수적인 지출이 많은 유통 구조이며, 소비자 대응 서비스의 질이 낮다.

- 레벨 2

기업 내부적으로는 유통 구조에 관한 정보가 분석되고, 통합적 운영을 위한 전략들이 세워져 있는 수준이다. 기업 내에서는 성과와 목표를 일관성 있게 공유하고 있지만 내부에 한정된다는 취약점을 가진다. 다시 말해 유통 구조상의 파트너이지만 기업에 속하지 않은 공급자나 운송업자 등 외부 참여자들과의 교류가 적다. 따라서 파트너들은 기업의 목표를 함께 추구하지 않고, 기업은 이들의 요구나 변화에 굉장히 둔감하다.

- 레벨 3

외부 파트너들과의 협력이 이 레벨의 특징이다. 기업 내부와 외부 파트너 사이의 소통이 활발하고 투명하기 때문에 상품 기획이나 재고 관리 등의 중요 업무들이 파트너들과의 협력 과정을 통해 결정된다. 유통 구조에 참여하는 파트너들은 이 과정에서 기업의 목표와 문화까지 공유하게 된다. 기업은 외부 파트너들까지 고려해 앞으로의 계획을 구상하기 때문에 회사의 연속적인 경영이 좀 더 수월하게 이루어진다.

- 레벨 4

이 레벨의 유통 구조 참여자들은 하나의 공통된 목표와 계획에 따라 움직이는데, 이 목표와 계획은 기업과 파트너들 사이의 끊임없는 상호소통을 통해 수립된다. 이런 유통 구조에서 나타나는 가장 큰 특징은 유연한 소통에서 발생하는 시너지다. 기업과 파트너 사이의 교류가 활발하기 때문에 소비자의 니즈 변화에 빠르게 대응할 수 있고, 그 결과 유통 방식이 세분화되거나 공급자들이 여러 집단으로 구분되기도 한다.

마이리얼트립	• 여행 상품 기획이나 소비자 대응 같은 업무들이 마이리얼트립과 여행 가이드 간의 논의를 통해 결정된다. • 회사의 연속적인 경영을 위해 여행 가이드에 대한 정보를 주기적으로 업데이트한다. • 소비자에게 진짜 여행을 판매하고, 여행 가이드 개개인을 하나의 브랜드로 만들겠다는 사업 목표를 가이드와 마이리얼트립이 공유하고 있다.
헬로네이처	• 유통 구조 참여자들이 하나의 공통된 목표와 계획에 따라 움직인다. • 유통 구조 내에서 공급자와 운송업자에 대한 정보, 사업 성과 등의 공유가 활발하고 투명하다. • 판매 상품의 기획이나 재고 관리와 같은 업무들이 공급자와의 협력을 통해 결정된다. • 기업은 공급자와 친밀한 소통을 이어나가면서 자사의 목표와 문화를 공유하고, 이들의 요구를 파악한다.
레진 엔터테인먼트	• 레진에 연재 중인 만화가들을 모두 초청하는 파티를 여는 등 만화가들과 꾸준히 소통해 이들에게 필요한 것을 파악한다. • 20~30대 독자들의 니즈를 반영해 크로스 뷰어를 개발하는 등 소비자 변화에 따른 대응이 빠르다.

이 장에서 살펴본 마이리얼트립과 헬로네이처, 레진엔터테인먼트는 레벨 3~4의 성숙도를 가지고 있는 것으로 보인다.

어떻게 유통 구조를 혁신하는가?

1. 첫째도, 둘째도, 셋째도 신뢰

기업이 유통 구조를 혁신하는 데 머뭇거리는 가장 큰 이유는 바로 신뢰다. 섣부른 변화는 유통 구조에서 가장 중요한 신뢰를 무너뜨릴 수 있기 때문이다. 그렇다면 문제는 '혁신하는 동시에 어떻게 신뢰를 구축할 수 있는가'다.

마이리얼트립, 헬로네이처, 레진엔터테인먼트의 경우에서 보았던 것처럼 지금의 유통 산업은 정보통신기술을 이용해 혁신한다. 정보통신기술을 이용하면 정보 수집에 드는 비용을 획기적으로 줄일 수 있다는 것은 이제 상식이 됐다. 즉, 지금 중요한 것은 '쓸모 있고 정확한 정보를 골라내는 것'이다.

신뢰에 앞서 정보는 우선 유용해야 한다. 예를 들어 의학 같은 특정 분야에서는 정보통신기술이 면대면 커뮤니케이션 방식을 대체하지 못한다. 모니터와 각종 의료기기를 통해서 의사가 심장마비를 원거리에서 진단할 수 있다 해도 즉시 치료까지 할 수 없다면 그 기술은 쓸모없는 것이 된다. 이처럼 수집된 정보가 필요 없는 분야에서는 정보통신기술을 이용한 유통 구조 개선이 불가능하다. 반대로 정보통신기술을 활용한 혁신이 가능하다면 그 정보들을 어떻게 이용해서 사람들의 신뢰를 얻을 수 있을지 고민해야 한다. 혁신의 목표는 사람들의 행동을 바꿔 가치의 총합을 증대시키는 것이다. 그러기 위해서는 혁신의 과정에서 전달되는 정보가 믿을 만하고 정확해야 한다.

2. 중간상인을 줄이고 참여자들을 위한 가치를 높여라

혁신을 하려면 유통 구조 중 어디에 병폐가 있는지 알아내고, 그것의 해결을 위해 유통 구조 파트너들 각각의 목표 및 그들을 둘러싼 전반적인 환경을 파악해야 한다. 어느 회사든 '프로세스'가 있다면 혁신의 여지 또한 있다는 생각으로 지금까지 해오던 방식이 최선이 아닐 것이라는 의심을 가져야 하는 것이다.

하지만 프로세스를 무작정 줄이는 것만이 좋은 것은 아니다. '이 중간 단계를 생략하면 유통 구조가 과연 더 효과적으로 작동하는가?'라는 질문을 가지고 있어야 한다. 또 중간상인을 줄이고 유통 구조의 성과를 높이려면 파트너들에게 어떤 인센티브를 줌으로써 기업의 목표에 동참하게 할 것인지를 고민해야 한다. 레진 엔터테인먼트는 CMS를 개발해 만화가들이 실시간으로 자신의 성과를 확인할 수 있게 했다. 이는 만화가들이 독자들의 반응에 빠르게 반응할 수 있도록 했고, 결과적으로 '만화의 수준 향상과 수익 증대'라는 레진의 목표와 부합하는 인센티브로 작용했다.

중간상인을 줄이면서 생긴 추가 이익은 참여자들에게 분배해야 한다. 여기서의 '참여자'란 유통 구조의 끝과 끝에 있는 공급자와 소비자, 그리고 그 사이에 있는 파트너들 모두를 말한다. 추가 이익의 일부는 공급자에게, 또 일부는 최종 가격을 낮추는 데 쓰는 것이 좋다. 상품의 최종 가격을 낮추지 않는다면 다른 방법으로라도 소비자에게 혜택을 제공해야 한다. 이는 기존 기업들에 비해 공급자 측면에서나 소비자 측면에서 경쟁력을 갖출 수 있는 방법이다.

3. 공급자들에게 기술적·정보적 지원을 해라

공급자는 최종 상품의 기본적인 품질을 결정하는 중요한 파트너다. 기업이 이들에게 교육을 더 많이 제공하면 그들에게 돌아가는 수익뿐 아니라 기업의 수익까지 높일 수 있다. 공급자들은 시장 가격의 형성 과정에 대해 기업보다 더 잘 알고 있고, 이들이 생산 활동에 대해 더 많이 연구할수록 생산하는 상품의 가치 또한 높아질 것이기 때문이다. 또한 이는 공급자를 약자의 위치에 못박아놓는 대부분의 경쟁업자들을 제칠 수 있는 방법이기도 하다. 공급자들은 대개 정보와 기술의 혜택의 사각지대에 있어왔기에 늘 정보가 불충분하고 생산 활동에 요긴한 기술을 다룰 줄 모르는 경우가 많다. 그러므로 이들에게 기술과 정보를 다룰 수 있는 능력을 쥐어주는 것은 경쟁자들의 허를 찌를 수 있는 방법 중 하나가 된다. 헬로네이처는 생산 농가를 직접 방문해 노트북을 사용하여 공급하는 상품의 판매 실적을 확인하거나 소비자들의 반응을 체크하는 방법을 교육하기도 하는데, 이를 통해 농부들은 판매상품을 새롭게 기획하기도 하면서 상품을 개선시켜나간다.

4. 판매 데이터와 소비자의 피드백을 따라가라

정보통신기술을 통해 수집되는 정보의 진정한 가치를 이해할 필요가 있다. 그런데 이에 대한 답은 종종 데이터가 제공한다. 데이터가 이끄는 대로 따라가면 맨눈으로 포착하기 힘든 것들을 보게 된다. 데이터를 통해 새로운 트렌드나 소비자의 변화 그리고 이 변화의 흐름 속에서 생기는 새롭고 중요한 기회를 알아챌 수 있는 것이다. 실제로 마이리얼트립은 데이터를 통해서 타깃팅이 잘못됐다는 것을 발견했고, 경쟁사들보다 한 발 앞서 새로운 여행 트렌드를 알수 있었다.

5. 기업은 '오케스트레이션'의 주체가 되어야 한다

음악 용어인 '오케스트레이션orchestration'은 여러 악기들의 특성을 알고 이들을 조합하는 것을 말하는데, 유통을 사업 기반으로 하는 기업들 역시 이와 마찬가지 역할을 해야 한다. 유통 구조에 참여하는 파트너들을 둘러싼 경제적·사회적 환경을 이해하고 이들을 조화시켜 좋은 유통망을 만들어야 하기 때문이다. 그렇기에 유통 기업의 혁신에서 가장 중요한 것 중 하나는 혁신 이후 이를 지속해나가는 것이다.

이를 위해 기업은 '조정자orchestrator'가 되어야 한다. 오케스트레이션은 단순히 상품이 흘러가는 길을 만드는 것이 아니라 보다 참신한 아이디어를 떠올리고, 이를 실행으로 옮김으로써 유통 구조 내의 모든 '참여자'들이 전보다 더 큰 이익을 얻게 하는 것이다. 이를 가능케 하려면 조정자는 각각의 참여자들이 중요시하는 가치들을 파악하고, 그 가치들 사이의 교환 지점을 찾아내야 한다. 참여자들 중에는 돈을 필요로 하는 사람이 있을 수 있는가 하면 건강을, 재미를, 또는 나만의 경험을 중요시하는 사람도 있을 수 있다. 이들 사이에서 가치 교환이 올바르게 일어날 수 있게 하는 것이 오케스트레이션이다. 즉, 기업은 조정자로서 어떻게 하면 유통 구조 내에서 참여자들 사이의 가치 교환이 더 활발하게, 더 좋은 방향으로 일어나게 할 수 있을지를 고민해야 한다.

한 기업이 궁극적으로 조정자가 되는 것은 끝없는 등산의 과정과 같다. 앞서 제시한 1~5의 방법들은 조정자가 되기 위한 초석이기도 하다. 마이리얼트립과 헬로네이처, 레진엔터테인먼트 모두 자신들이 추구하는 조정자의 모습에 따라 유통과정을 혁신해가고 있다.

혁신의 방법은 이맛살이 찌푸려질 정도로 진부한 것일 수도 있고 무릎을 칠 만큼 참신한 것일 수도 있다. 중요한 것은 자신의 회사에 필요한 혁신을 찾는 것이다. 신뢰 구축, 사업 파트너 관리, 데이터 분석 등과 같은 행동 지침들을 목표로 삼는 것에서 나아가 조정자가 되고자 하며 더 커다란 그림을 그릴 때 지금 자신의 회사에 필요한 혁신이 무엇인지 보일 것이다.

2장

뚝배기보다 장맛:
'많은' 사람보다
'어떤' 사람에 주목하라

드라마 '별에서 온 그대'가 히트를 치면서 배우 김수현, 전지현의 1년 전속 모델료가 각각 10억~13억 원을 돌파했다. 광고업계에 따르면 특A급 스타의 모델료가 8억~10억 원(2014년 기준)이라고 하니, 특급 광고모델의 몸값은 하늘 높은 줄 모르며 계속 증가하고 있다. 때문에 광고주가 광고 한 편을 만들려면 천정부지로 치솟는 모델료를 포함한 제작비, 실제 광고를 내보내기 위해 매체에 지불하는 광고료[*] 등 엄청난 돈을 써야 한다. 하지만 이렇게 막대한 비용을 투자한 광고가 정말 그만한 효과를 발휘할까?

마케팅의 한 방법인 광고의 목적은 상품을 홍보해 매출을 늘려 가능한 한 많은 이윤을 내는 것이다. 그래서 광고를 위한 최고의 매체는 '최대한 많은' 사람들이 광고에 노출될 수 있는 TV였다. 하지만 이 말은 옛말이 되어가고 있다. 최근 연구 결과를 보면 TV 같은 매스미디어를 통한 광고의 효과에 대해서는 물음표가 따른다. 마케팅 전문 조사기관인 닐슨Nielsen에 따르면 TV 광고의 18%만이 긍정적인 ROI(return on investment, 투자수익률)를 만들고 있으며[**] 과다한 광고비가 기업의 순이익에 악영향을 미치는 경우도 있다고 한다.

---

[*] 15초에 1,530만 원. 2014년 KBS 주말연속극 기준.

[**] Trust in Advertising Report, Nielsen, 2007.

때문에 광고의 효과를 극대화하는 데 중요한 것은 해당 광고가 '얼마나 많은' 사람이 아닌 '어떤' 사람에게 도달했는지의 여부다. 즉, 상품을 살 만한 사람들을 대상으로 광고를 해야 한다는 것이다. 이것은 명품 브랜드들이 TV 광고를 하지 않는 이유이기도 하다. 경제력이 있는지에 대한 판단이 어려운 다수의 사람들보다 경제력을 가진 소수의 사람들을 대상으로 제품을 광고하는 것이 회사에게는 더 합리적인 것이다. 그래서 그들은 불특정 다수를 대상으로 하는 TV광고 대신 경제력을 가진 소수를 대상으로 하는 VIP 패션쇼 등을 통해 상품을 홍보한다.

과거에는 TV, 라디오 등의 매스미디어와 이메일, 인터넷 등의 다양한 매체를 통해 무차별적으로 시도한 광고가 분명히 판매를 증가시켰다. 하지만 광고의 실제 효과, 즉 ROI를 측정하는 기술이 발달하면서 이런 대규모 광고가 정밀 효과적인 것은 아니라는 다양한 연구 결과가 나왔다. 학계와 산업계 역시 마케팅의 효율성을 극대화하기 위해서는 시장을 보다 정확히 정의하고, 고객을 엄밀하게 파악하여 실제로 구매할 만한 선별된 고객을 위주로 마케팅을 해야 한다는 답을 얻게 됐다.

다양한 매체의 발달에 힘입어 마케팅은 매스미디어로 대변되는 기존의 한정된 매체를 벗어나 SNS, 프로야구 선수의 유니폼, 청춘

드라마의 주인공이 바르는 화장품 등 특정 고객들과 접점이 높은 여러 매개체를 통해 홍보되고 있다. 이러한 다양한 매체는 자신을 매개로 기업이 마케팅을 가능케 하는 플랫폼으로 동작한다. 기업이 만나고 싶어 하는 고객, 지갑을 열 확률이 높은 고객을 만나게 해줌으로써 그 대가를 자신의 수익으로 가져가는 이런 마케팅 플랫폼은 기존의 광고 매체가 제시하지 못했던 다양하고 새로운 방식으로 보다 정교하게 선별된 많은 고객을 기업과 연결시키고 있다.

이 장에서 소개할 애드투페이퍼, 얌 스튜디오, VCNC는 전에 없던 새롭고 혁신적이며 독자적인 마케팅 방식으로 마케팅 플랫폼을 구축하고 자사의 서비스를 이용하는 고객에게 새로운 가치를 주고 있는 좋은 예에 해당한다. 이들이 어떤 기발한 아이디어로 새로운 플랫폼을 만들어 혁신적인 마케팅을 가능케 했는지 지금부터 살펴보자.

① 얌 스튜디오 :
알차고 탄탄한 유저 커뮤니티를 구축한다

얌 스튜디오 로고

얌 스튜디오YAM STUDIO는 일상생활에 유용한 모바일 앱을 만드는 회사다. 2011년 10월 설립된 얌 스튜디오는 3개월 뒤인 2012년 1월에 첫 앱 '오늘의 해외축구'를 선보였다. 이어서 같은 해 6월과 11월에 각각 '오늘의 K리그' '오늘의 출퇴근'이라는 앱을 내놓은 이들은 앞으로도 '오늘의' 시리즈로 이용자들에게 가까이 다가갈 수 있는 요긴한 앱을 만들 계획이나.

니치, '틈새'를 발견하는 것

앞서 언급했듯 얌 스튜디오는 해외축구, 국내축구 및 직장인의 출퇴근에 관한 정보를 제공하는 앱을 서비스하고 있다. 이 세 개의 앱은 전반적인 대중보다는 적은 수의 집단에게 소구한다. 앱이 유료로 팔리고 있는 것도 아니니 회사 수익이 얼마나 될까 싶지만, 예상과 달리 얌 스튜디오의 앱들은 각각의 주제와 어울리는 광고주들에게 높은 ROI를 주며 상당한 광고 수익을 벌고 있다. 이쯤 되면 얌 스튜디오 대표에게 물어보고 싶은 질문이 생긴다. ROI가 높은 이용자 집단은 어떻게 만들 수 있는 것일까?

강줄기 한가운데에서 물을 막고 있는 댐을 보고 '저 댐이 언제 무너질지 모르니 멀리 떨어져 있자'라고 생각하는 사람은 거의 없을 것이다. 소양강 댐이 방류하는 걸 보고 있노라면 경외의 탄성이 절로 나온다. 하지만 아무리 댐을 튼튼하게 만든다 해도 시간이 흐르고 세상이 변하면 벽에 금이 가서 물이 샐 수 있고, 이 금이 커지면 새로운 흐름을 만들거나 더 나아가 댐을 무너뜨릴 수도 있다.

이는 댐뿐만이 아니다. 목적이 무엇이든 간에 사회의 어느 영역에서나 이 틈새를 찾으려 많은 이들이 노력하는데 특히 마케팅 분야에서는 '니치 마케팅niche marketing'이란 이름의 대학 수업이 개설될 정도로 '니치niche' 열풍이다. 값비싼 할리 데이비슨이 독점하고 있던 미국 오토바이 시장에서 혼다 오토바이가 저렴함을 내세워 5년 만에 시장점유율 50%를 돌파했던 것 등이 니치 마케팅의 대표적인 예다. 블루오션이 새로운 시장을 '창출'하는 것이라면, 니치 마케팅은 기존의 시장에서 틈새를 '발견'하는 것이다. 즉, 기존의 시장 구조에서는 보이거나 알려지지 않았던 니즈를 포착해 이를 공략하는 것이 니치 전략의 기본이다. 이러한 니치 마케팅은 자본 규모가 작은 기업에게 효과적인 경영전략이다. 그 이유는 다수의 대중보다는 소수의 마니아 집단에 초점을 맞춘다는 특성상 비교적 적은 자금으로도 서비스를 운영할 수 있기 때문이다. 또한 이 작은 시장에서만큼은 대기업에 비해 더 높은 점유율과 큰 영향력도 가질 수 있다.

틈새를 찾는 방법: 내게 필요한 것은 무엇인가?

이동준 대표는 2011년 여름, 다니고 있던 회사를 그만두고 얌 스튜디오를 시작하기로 결심했다. 처음부터 그는 일상생활에 필요한 소소한 서비스들을 빠르게 많이 만들어보자고 생각했다. 그래서 팀원들을 본격적으로 구하기 전에 10여 개의 아이디어를 구상해두었고, 일하면서 만났던 사람들 중 마음이 맞았던 여섯 명을 찾아가 이를 설명했다. 이 대표의 아이디어에 공감해서였는지, 아니면 직장을 그만두지 않고 평일 밤과 주말을 이용해서 우선 일해보자는 제안 때문이었는지는 모르겠지만 모두 흔쾌히 승낙했고, 그렇게 총 일곱 명이 함께 '가상virtual 조직'의 형태로 얌 스튜디오를 시작했다. 얌 스튜디오가 처음으로 출시한 앱 '오늘의 해외축구'는 해외 주요 프로축구 리그의 일정과 국내 중계방송 정보 및 순위 정보 등 해외축구에 관한 각종 정보가 모여 있는, 한마디로 축구팬을 위한 앱이다.

첫 프로젝트로 이 앱을 선택한 이유는 워낙 축구를 좋아하는 이동준 대표 자신이 늘 이런 앱이 있기를 바라왔기 때문이었다. '오늘의 해외축구'는 출시한 지 사흘 만에 애플 앱스토어Apple App Store에서 15만의 다운로드를 기록하며 전체 앱 랭킹 13위를 기록했다. 이 대표는 "내가 필요로 했던 것만큼 다른 사람들도 이런 앱을 원했던 것 같다"라고 말한다.

'오늘의 해외축구'가 출시됐던 2012년 당시에는 박지성을 필두로 많은 한국 선수들이 유럽 리그에서 활약 중이었다. 그래서인지 앱을 별달리 홍보하지 않았음에도 축구팬들 사이에서 입소문이 퍼졌고, 축구 해설위원

'오늘의 해외축구'의 캡처 화면들

들이 직접 앱을 언급하며 추천하기도 했다. '오늘의 해외축구'가 확보한 이용자 집단이 유의미한 이유가 바로 여기에 있다.

튼튼한 커뮤니티를 만들어라

어느 정도 규모 있는 커뮤니티를 기반으로 하는 마케팅은 비용 대비 효율이 높다. 물론 양질의 커뮤니티를 형성하는 것이 쉬운 일은 아니지만, 타깃 집단의 수요에 맞는 질 좋은 콘텐츠를 꾸준히 제공하는 서비스라면 커뮤니티는 자연스럽게 형성되기 마련이다. 고객을 끌어들이기 위해 별도의 전통적인 마케팅 수단에 큰돈을 쓰지 않아도 되는 것이다. 또한 튼튼한 커뮤니티는 스스로 말을 한다. 커뮤니티에 귀를 기울이면 컨설팅 회사에 이용자 분석을 의뢰할 필

요도 없다. 회사가 커뮤니티에 관심을 쏟고 이용자들에게 소속감을 주면 이는 회사에 대한 큰 충성으로 돌아온다.

이용자의 요구를 파악하고, 그들의 마음을 얻는 것. 이 두 가지는 모든 마케팅의 기본 과제다. '커뮤니티 마케팅 community marketing'이라고도 불리는 이런 전략은 온라인 커뮤니티가 급증하던 2000년대 초반에 부상했다. 비록 최근 몇 년간은 소셜 네트워크 마케팅이 큰 이목을 끌면서 '커뮤니티'라는 단어가 시대에 뒤처진 듯한 뉘앙스를 가지게 됐지만, 얌 스튜디오는 커뮤니티의 가능성에 새삼 주목했다. 축구팬들 사이에서 어느 정도 자리 잡은 앱의 트래픽을 기반으로 다양한 SNS, 뉴미디어 채널을 개설해 커뮤니티를 구축했는가 하면 때론 미디어로도 가능하도록 가꿨다. 포털 사이트의 카페 서비스처럼 게시판 시스템을 기반으로 하는 전통적 커뮤니티도, 타임라인 기반의 SNS도 결국은 사람들이 모여 어떤 주제에 대해 커뮤니케이션하는 공간일 뿐 그 근본은 같다. 때문에 얌 스튜디오는 우선 팬을 모으고, 그들이 서로 떠들 수 있는 공간을 만드는 데 주력했다. 니치 마케팅은 충성도 높은 이용자들이 있어야 제 효과를 발휘하기 때문이다.

'오늘의 해외축구' 같은 축구 앱은 사실 많고, 특히 해외의 앱들은 더 넓은 지역 리그를 포괄하고 기능적으로도 뛰어나다. 그러나 일단 주 언어가 영어라는 점에서 국내 사용자들의 접근 및 이용률은 낮을 수밖에 없다. 한편 국내 앱들은 아마추어 개인 개발자가 취미로 만들었기 때문에 퀄리티가 아무래도 떨어진다는 한계가 있다. 또한 일부 전문적인 앱들은 축구뿐 아니라 야구 등 다양한 종목을 전반적으로 다룸으로써 사용자층을 늘리는 데 노력할 뿐 절대 축구팬에만 집중하지 않는 데다가, 나아가 스포츠 토토와 연계해 배당률 정보를 표시하는 등 축구 그 자체가 아닌 부가적인 요소에 집중하는 듯한 인상까지 준다. 이런 서비스들은 축구에 타깃팅한 광고를 집행하기에 적합하지 않다. 결과적으로 축구를 정말 사랑하는 사람들이 모여 있는 국내 모바일 채널은 '오늘의 해외축구'가 유일한 셈이다.

틈새시장을 찾은 뒤 사업을 시작하려 하면 주위 사람들이 묻는 매우 대표적인 질문이 있다. "포털이 똑같은 걸 서비스하면 어떻게 할 거야?" 이 대표는 물론 그럴 가능성이 존재하고 포털의 압도적인 물량은 분명 적잖은 위협이 될 것으로 보지만, 근본적으로 대형 포털의 프로젝트 실무자들이 얌 스튜디오보다 더 많이 고민하면서 축구를 소재로 하는 버티컬 플랫폼*을 키워나가지는 못할 것이라고 생각한다. 이 대표는 포털 근무 경력이 있기 때문에 누구보다 더 포털의 버티컬 서비스가 가지는 한계를 잘 파악하고 있다.

다시 말하지만 니치 마케팅에서 중요한 것은 시장 주제에 대한 관심이 높은 집단에 집중해 그들이 가진 문제를 해결하고 더 나아가 효용을 주는 것이다. 얌 스튜디오는 '축구팬'이 원하는 바가 무엇일지 계속해서 고민해왔다. 그 결과 해외축구 가십, TV 중계진 정

★ 특정 성격의 소비자 집단에게 세부적인 분야에 대한 서비스만을 제공하는 방식으로, 다수의 고객에게 다양한 제품을 공급하는 수평 플랫폼(horizontal platform)과 대비되는 개념.

보, 해외파 소속팀 일정 정보, 내 응원팀 설정 기능 등을 추가했고, 인기 카툰 작가의 축구 만평을 매일 한 컷씩 모바일에 최적화된 형태로 연재하고 있다. 이용자들은 이런 세심한 관심에 민감하게 반응한다. 앱의 누적 다운로드 수 대비 실제 매일 접속하는 사람의 수가 절반에 육박한다는 점과 SNS 구독자 수 또한 그 이상의 규모를 이루고 있다는 점이 그것을 뒷받침한다.

그렇다면 과연 포털에게는 한국의 축구팬이라는 상대적으로 작은 집단에 고급 자원을 장기적으로 쏟을 만한 동기가 있을까? 그렇지 않다는 것이 이 대표의 생각이다. 예를 들어 '오늘의 해외축구'에서는 오늘 있을 축구경기 방송의 중계진이 누구인지도 알려주는데, 이런 정보는 방송사나 담당 PD로부터 공식 또는 비공식적인 루트를 통해 매주 일일이 챙겨 전달받아야 하는 희귀 정보다. 포털에서 이렇게까지 디테일하게 운영해가며 축구 서비스를 하기란 결코 쉽지 않다. 실제로 한 포털 스포츠 섹션에서는 '오늘의 해외축구'처럼 중계진 정보가 제공되기도 했지만 현재는 일부 경기에만 적용되거나 중단된 상태다. 이렇게 사소하지만 이용자가 필요로 하는 서비스에 대해 민감하게 반응하고 중요하게 대처하는 것이 니치 마케팅의 성공 요소다. 이동준 대표는 본인 스스로도 매일 '오늘의 해외축구' 앱을 통해서 경기정보를 살펴보는 등 여전히 이용자의 입장에서 직접 서비스를 사용한다. 처음에 틈새시장을 찾을 수 있었던 것도, 이용자의 니즈를 파악하는 것도 그 자신이 축구팬, 즉 타깃 사용자였기 때문에 가능했던 셈이다.

SNS를 활용한 커뮤니티 구축

계속해서 늘어나는 이용자들을 앱 하나만으로 만족시키기에는 분명 한계가 있다. 앱을 계속 발전시켜나가야 하는 것은 물론이고, 더 많은 잠재적 이용자와 접촉하려면 그들이 이미 이용하고 있는 플랫폼에 우선 접근해야 한다. 얌 스튜디오는 다양한 SNS, 뉴미디어 채널과 그에 맞는 콘텐츠로 이에 대응하고 있다. '오늘의 해외축구'는 페이스북과 트위터Twitter, 카카오스토리Kakao Story, 인스타그램 Instagram 등 국내에서 널리 쓰이는 플랫폼에도 채널을 개설해 각각의 속성에 맞는 운영을 해오고 있다.

가령 트위터를 통해서는 경기 한 시간 전 현지에 올라오는 경기 선발 정보를 알리는 등 즉시성이 강한 정보를 주로 배포하고, 멀티미디어의 이용이 자유로운 페이스북에서는 얌 스튜디오와 제휴를 맺은 축구 전문지의 기사 요약본이나 팬들이 직접 찍은 영상을 올림으로써 일종의 매체 역할을 하고 있다. 또 국내에서 가장 큰 영향력을 가진 카카오 플랫폼에서도 이용자들에게 접근할 수 있도록 카카오스토리와 카카오톡 플러스 친구를 통해 콘텐츠를 제공 중이다. 카카오스토리에서는 어린 연령대의 축구팬들과 호흡하고, 플러스친구로는 퇴근 시간을 즈음해 그날그날의 축구 소식을 요약해 짧은 매거진 형태로 보내준다. 채널에 따라 전달 방식이 조금씩 다르지만 이 모든 활동의 공통점은 제도권 매체들이 다루지 않는 콘텐츠들을 최우선으로 다룬다는 것이다. 이 콘텐츠들의 목적도 영리를 추구하는 회사가 운영하는 것이라고 보기엔 조금 특이하다. 보통 한 상품의 SNS 채널이라고 하면 해당 상품을 홍보하는 데 주로 집중하는데, 얌 스튜디오는 축구 자체에 대한 콘텐츠를 제공함으로써 '오늘의 해외축구'라는 브랜드의 영향력도 함께 키우는 방향으로 운영하고 있기 때문이다.

브랜드 영향력은 이용자 수와 신뢰도가 합쳐져서 생긴다. 한마디로 브랜드 파워는 이용자에 의해 만들어지는 것이다. 그렇기 때문에 얌 스튜디오는 SNS 채널에서 이용자들과 소통하는 것에도 많은 시간을 투자하고 있다. 축구팬들이 관심을 가질 만한 그날의 소식들과 축구에 관련 있는 브랜드 소식을 광고 같지 않은 콘텐츠로 잘 풀어낸다. 이 대표는 다양한 SNS 채널들을 활용해 구독자 수가 많아진다면 그것이 앱의 트래픽으로 선순환됨은 물론 축구에 관해서만큼은 머지않아 스포츠 전문지나 포털보다 더욱 강한 영향력과 즉시성을 가진 매체가 될 수 있을 것이라 생각한다. 이렇게 축구판에서의 힘이 강해지면 다른 종목이나 분야로 영역을 확대하거나 새로운 광고나 제휴의 기회 또한 만들어갈 수 있을 것으로 믿는다.

실제로 '오늘의 해외축구' 페이스북 페이지에 들어가면 종종 나이키, 아디다스 같은 브랜드의 축구화 신제품이나 유명 선수, 팀, 축구대회 영상 등을 볼 수 있다. 사실 이 게시물들은 노골적으로 티내지 않은, 정제된 광고로 볼 수 있다. 구체적으로 여기에 광고비가 책정된 것은 아니지만 브랜드로부터 여러 혜택을 받으며 상생관계를 가져가는 것은 분명하다.

그렇다면 글로벌 스포츠 브랜드가 왜 이미 구독자가 많은 본인들의 채널 외에 '오늘의 해외축구' 같은 로컬, 버티컬 채널을 통해 메시지를 전달하고 싶어 하는 것일까? '오늘의 해외축구' 페이지는 사람들이 직접적인 광고 메시지임을 전제하고 보는 브랜드 페이지보다 사용자 친화력이 높은 매체 혹은 커뮤니티의 성격을 띠기 때문이다. 다시 말해 '오늘의 해외축구'를 구독하는 사람들은 일상생활에서 축구가 큰 부분을 차지하는 '진성眞性' 축구팬들이기 때문에 일반인들에게는 단순 광고에 지나지 않을 어떤 게시글이 '오늘의 해외축구' 페이스북 페이지를 방문하는 축구팬들에게는 유용한 정보가 될 가능성이 훨씬 높다.

SNS의 특성상 어떤 콘텐츠가 좋은 반응을 얻으면 실제 페이지의 구독자 수보다 더 널리 퍼져간다. 가령 특정 페이지의 구독자 수가 5만 명이라면 그 5만 명 내에서만 콘텐츠가 소비되는 것이 아니라 '좋아요' '댓글' '공유'에 따라 수십, 수백만 명에게까지도 퍼질 수 있는 것이다. 구독자가 광고로 인식하지 않고 정보로 받아들이는 채널의 콘텐츠는 구독자들 사이에서 활발하게 전달된다. 이러한 활동은 비슷한 성격이나 취향을 공유하고 있는 온라인 커뮤니티에서 눈에 띄게 나타난다. 이처럼 구독자들로부터 좋은 반응을 얻은 콘텐츠는 더 많은 사용자에게 전파되어 신규 구독자를 늘리고, 늘어난 구독자와 반응은 다시 더 많은 도달력과 영향력을 형성한다. 커뮤니티적인 성격을 가진 채널에 브랜드들이 메시지를 싣고자 하는 이유도 여기에 있다.

'복합형 비즈니스 모델'이 필요한 시대

얌 스튜디오는 창업 시점부터 '회사는 매출이 있어야 한다'라는 현실적인 신념이 있었기에 앱을 만들 때 이미 디스플레이 광고가 들어갈 배너 자리를 충분히 기획해두었고, 포털사이트 다음의 모바일 네트워크 광고 플랫폼인 아담Ad@m을 배치한 뒤, 그 위에 자체 영업으로 수주한 광고들이 우선 자리할 수 있도록 설계해두기까지 했다. 아담만으로는 낼 수 있는 수익에 한계가 있고, 아무래도 서비스와 타깃층에 매력을 느낀 광고주를 찾아 직접 영업하는 것이 높은 수익을 낼 수 있기 때문이다.

'오늘의 해외축구'가 출시 초기에 규모를 이루긴 했지만, 그렇다고 처음부터 알아서 광고 문의가 쏟아진 것은 아니었다. 오히려 이 대표는 유명 스포츠 브랜드들은 물론 축구용품숍이나 치킨, 피자 프랜차이즈, 맥주 회사 등 축구와 연관된 모든 브랜드에 일일이 광고 제안서를 보냈다. 하지만 첫 광고주를 찾아 매출을 일으키는 일은 결코 쉽지 않았다. 2012년만 해도 모바일 앱의 배너 광고 효과에 대해 업계 전반의 확신이 부족했고, CPICost per Install 광고처럼 효과가 확실한 상품에만 투자가 이루어졌기 때문이다.

그중 처음으로 마음이 통한 것은 축구용품숍 사장으로, 그는 이 대표와 동갑으로 뉴미디어의 긍정적인 가능성을 본 사람이었다. 첫 광고주인 데다 동갑내기였던지라 이 대표는 용품숍이 힘들 때는 광고비를 50%만 받거나 때때로 용품숍이 필요로 하는 이미지 작업을 도와주는 등 단순 광고주라기보다는 진정한 '파트너' 관계로 협업했다. 이후 얌 스튜디오는 이 용품숍 광고를 집행했던 경험과 지표를 바탕으로 더 구체적인 영업 활동을 펼칠 수 있었고, 얼마 지나지 않아 아디다스의 축구화 출시 광고를 수주하면서 성장의 기회를 잡았다.

그러나 이런 단순 배너광고만으로 얻는 수익에는 역시 뚜렷한 한계가 있었기에 이 대표는 배너 광고 외의 다른 수익 모델들을 꾸준히 고민해왔다. 그 결과 중 하나가 앱 아이콘과 스플래시(앱을 실행할 때 보이는 첫 시작 이미지)까지 브랜드에게 내주는 것이었다. 물론 앱의 사용성을 침해하지 않는 선에서, 축구와 매우 깊은 연관성을 가진 브랜드에 한해서만이었다. 많은 고민을 거쳐 실행한 이 시도는 흥미롭게도 이전까지의 '오늘의 해외축구' 아이콘과 스플래시보다 많은 사용자들의 관심과 호평을 이끌어내기까지 했다.

이 대표는 이렇게 여러 전통적인 수익 모델들을 본인의 서비스에 최적화하고 뒤섞어 고유한 수익 방안으로 만들어나가는 것을 '복합형 비즈니스 모델'이라고 명명하며 설명했다. 우선 실체적인 제품이 존재하고, 그 제품을 기반으로 구축한 커뮤니티와 선순환을 이루며 그 안에서 수익을 실현시킬 수 있는 다양하고 유연한 수익 모델을 가져야 한다는 의미에서 '복합형 비즈니스 모델'이라 이름 붙인 것이다. 현재 모바일 시장에서 유의미한 수익을 내고 있는 모델을 보면 크게 직접적인 유료 판매, 광의의 CPACost per Action 광고, 그 외 복합형 비즈니스 모델이라 부를 만한 특화 모델로 나눌 수 있다. 유료 판매는 음원이나 서적 같은 콘텐츠를 판매하는 앱이나 게임앱이 주로 사용하는 수익 모델이다. CPA의 대표적인 예는 많은 사람들이 한 번쯤 깔아봤을 법한 '애드라떼'나 '돈 버는 놀이터' 같은 리워드 광고 플랫폼들이다. 마지막으로 복합형 모델은 주로 플랫폼 성격의 앱들이 취하는 수익화 방안으로, 타깃팅 광고나 수수료 등 다양한 방법을 혼용해 수익을 얻는 모델이다. 이 복합형 모델에서 주목할 점은 이 앱들이 가진 매체로서의 영향력이 수익과 직결된다는 점이다. 즉, 기본적으로 앱이 다수의 사용자에게 메시지를 효과적으로 전달할 수 있다면 최적화 방법에 따라 많고 적음의 차이가 있을 뿐 어떻게든 수익은 얻을 수 있다.

얌 스튜디오도 복합형 비즈니스 모델을 가지고 있다. 아담을 통한 광고와 자체 영업 광고는 기본이고, 그에 덧붙여 비단 축구뿐 아니라 현재까지 만든 앱마다 성격에 따라 각기 다른 수익 방안이 있다. '오늘의 해외축구'는 스포츠 브랜드나 용품숍, 전문매체와 제휴를 하고, 국내 축구를 소재로 한 '오늘의 K리그'의 경우는 프로축구연맹이나 구단과의 제휴를 통해 새로운 수익의 길을 찾았다. 또 '오늘의 출퇴근'은 최근 화두인 공공정보 앱으로서의 포지셔닝과 함께 구인구직 사이트, 카드사 등 직장인을 타깃으로 하는 브랜드들과 제휴 논의 단계에 있다. 이처럼 각 서비스에 맞는 고유의 비즈니스 모델을 최적화, 발전시켜나가는 것이 이 대표가 말한 '복합형 비즈니스 모델'의 정의에 해당한다.

튼튼한 커뮤니티와 유연한 사업모델

얌 스튜디오는 작은 집단에게 강하게 어필할 수 있는 서비스를 만들어왔다. 해외 축구팬과 국내 축구팬, 그리고 직장인들을 위한 '오늘의' 시리즈는 모두 정말 그 집단에 속한 사람이 아니고서는 검색조차 해보지 않았을 정도로 버티컬과 니치에 집중한 앱이다. 하지만 얌 스튜디오는 상대적으로 작은 집단일지라도 그들에게 정말 필요하고, 사소하지만 중요한 서비스를 제공함으로써 건실한 커뮤니티를 구축했다. 그렇게 일군 유저 수가 지금은 도합 100만에 이른다. 얌 스튜디오는 이들을 바탕으로 비즈니스 모델을 유연하게 개발해 다양한 방법으로 수익을 창출하고 있다.

구글이나 카카오처럼 이용자 규모가 어마어마하게 큰 서비스를 만들고 수익화는 그 이후에 생각해보겠다고 하는 순진한 스타트업 도전자들에 비해 얌 스튜디오는 내실 있게 다져가는 '자영업스러운' 사업 방향을 보여준다. 물론 기반이 되는 서비스와 커뮤니티가 워낙 특정 주제에 편중되어 있고, 전체 시장 규모가 크지 않은 우리나라에서는 개별 시장 크기에도 한계가 있기 때문에 지속성과 수익에 의문이 생길 수도 있다. 하지만 견고하게 조성된 커뮤니티는 쉽게 쓰러지지 않고 스스로 그 힘을 키워나간다. 앞으로도 얌 스튜디오는 커뮤니티가 발전하는 모습에 맞춰 새로운 주제의 서비스들을 꾸준히 출시할 계획이고, 또 그에 맞춰 비즈니스 모델도 계속해서 수정해나갈 것이다.

② 애드투페이퍼 :
소비자가 가려운 곳을 제대로 긁어준다

애드투페이퍼Add2Paper는 대학생에게는 무료 프린팅 서비스를, 광고주들에게는 대학생 타깃의 광고 플랫폼을 제공한다. 101개의 국내 대학과 제휴를 맺은 애드투페이퍼를 사용하는 대학생은 32만 명에 다다른다. 애드투페이퍼 앱에 올라온 광고 캠페인에 참여하는 학생은 그에 상응하는 대가로 대학 내 인쇄실에서 무료로 프린딩힐 수 있다.

애드투페이퍼 로고

애드투페이퍼, 대학생이 대학생을 위해 만든 서비스

애드투페이퍼의 전해나 대표는 원래 창업과 거리가 먼 학생이었지만, 학교에서 수강하던 한 수업을 계기로 창업에 뛰어들게 되었다. 2009년 3월, 이제 막 대학교 3학년이 된 전해나 씨는 '캠퍼스CEO'라는 교양과목을 들었다. 산업정보디자인학과 학생이었던 그녀는 창업이나 경영에 대한 관심이 있다기보다는 학점이 좋게 나온다는 친구의 말을 듣고 수강을 신청했다.

그런데 수업이 예상보다 꽤 재미있었다. 일반적인 수업과 달리 이 수업에서는 실제 창업을 하는 것처럼 사업 아이템을 찾고, 시장 가능성을 테스트해보고, 사업계획서도 만들었다. 학기 마지막에는 진짜 투자자들을 초청해 그 앞에서 발표까지 했다. 비슷하게나마 창업의 과정을 한 학기 동안 체험하고 나니 창업에 대한 생각이 바뀌기 시작했다.

그러던 중 다른 조의 사업 아이템이 눈에 띄었다. 인쇄물에 광고를 싣는 대신 공짜로 인쇄를 할 수 있게 한다는 내용이었다. 매일 아침 붐비는 복사실을 보니 '이 아이템이야말로 대학생에게 정말 필요한 서비스겠구나' 하는 생각이 들었다. '캠퍼스CEO' 수업을 들은 학기가 끝나고 전 대표는 공짜 인쇄 아이디어를 냈던 팀에 합류해 그들과 함께 2009년 8월에 있었던 '서울시 청년창업프로젝트 2030'을 준비했다.

하지만 이 공모전에서 팀이 선정됐음에도 팀원들은 전 대표만 남기고 모두 뿔뿔이 흩어졌다. 미래도 보이지 않고 위험부담이 큰 창업에 과감하게 도전하기가 쉽지 않았기 때문이었다. 그러나 전 대표는 성공 가능성이 높다고 판단되는 이 아이템을 저버리지 않았다. 팀에 합류할 사람을 찾고 설득하는 일은 전혀 쉽지 않았지만 2010년 초 같은 학교의 장선향 이사가 합류하고, 10월엔 중소기업청이 주관하는 예비기술창업자 공모전과 엔젤투자기관 프라이머

Primer에서 시드머니seed money를 투자받으면서 전 대표는 본격적으로 애드투페이퍼를 시작하게 됐다.

단 두 명의 대학생이 시작한 사업이 국가기관과 투자사의 인정을 받게 된 이유는 사업 아이템이 아주 정확한 집단을 타깃팅하고 있기 때문이었다. 애드투페이퍼를 사용하는 사람들은 모두 대학생이다. 물론 그중 일부는 이제 대학을 졸업하고 사회인이 됐겠지만, 처음 애드투페이퍼에 가입하는 사람들은 무료로 인쇄를 하고자 하는 대학생들이다. 애드투페이퍼에 가입할 때는 학교, 입학년도, 학과, 성별 등을 입력해야 하는데, 이 정보를 바탕으로 제공하는 타깃 마케팅은 애드투페이퍼의 가장 큰 경쟁력이다. 구글의 광고 프로그램인 애드센스AdSense를 사용하는 웹사이트는 사용자들의 관심사에 따라 각기 다른 광고물을 보여준다. 이는 사용자가 최근 검색했던 키워드나 접속했던 사이트 같은 개인적인 온라인 활동 내역을 고려해 광고가 결정되기 때문이다. 광고 매체가 다양해지고 이용자들의 특성을 보다 더 많이 알 수 있게 되면서 광고의 수익률을 측정하는 잣대 또한 더 징확해졌다. 그와 동시에 덩연하게도 광고의 **흐름**은 타깃팅으로 흘러가고 있는데, 애드투페이퍼의 타깃팅 광고 플랫폼은 이러한 흐름을 바탕으로 그 가능성을 인정받았다.

대학생과 광고주, 원-원의 연결고리

요즘의 대학생들은 그 어느 때의 대학생들보다 자기표현에 적극적이다. 새로운 것을 배우고자 하는 욕구도, 해외에 나가 신선한 것을 체험해보려는 도전 정신도 강하다. 대학생이 소비문화의 주체적인 집단으로 떠오르자 저가의 코스메틱 브랜드나 의류 브랜드, 채용/인턴, 어학원, 공모전 등 다양한 산업과 기업들에서 그들을 주고객층으로 잡고 고객으로 모시려는 전략을 펼치고 있다. 이러한 기업들에게 애드투페이퍼라는 광고 플랫폼은 대학생에게 가장 효율적으로, 또 효과적으로 접근할 수 있는 매력적인 채널이다.

애드투페이퍼 앱에는 대학생에 최적화된 '보드'가 나타난다. 광고캠페인 보드에서는 대기업 채용공고나 영화 트레일러, 체험단 모집 캠페인 등 대학생이 솔깃할 만한 정보들이 나열되어 있다. 대학생 커뮤니티 사이트의 게시판에서 흔히 보이는 종류의 것들이지만, 애드투페이퍼가 그런 사이트들과 다른 점은 타깃 집단에 맞는 정보를 적절히 배치한다는 것이다. 예를 들어 대학 3~4학년생들에게는 채용 공고나 취업 박람회 관련 정보가, 여대생에게는 신상 립스틱이나 저칼로리 요거트에 대한 캠페인이 자주 노출된다. 이렇게 세세한 타깃팅이 가능한 이유는 앞서 언급했듯 애드투페이퍼에 가입한 대학생들의 성별, 전공, 입학년도 등을 알 수 있기 때문이다. 학생들은 페이스북에서 정보를 공유하는 식의 방법으로 캠페인

애드투페이퍼의 가상화폐 '애딧'

에 참여하고, 그 대가로 애드투페이퍼의 가상화폐 '애딧'을 얻는다. 그리고 그 애딧으로 교내에서 무료로 프린팅을 할 수 있다.

하지만 학생들의 활동은 대개 여기서 끝나지 않는다. 잘 타깃팅된 광고는 수용자에게 광고보다 정보로 느껴지기 때문에, 애드투페이퍼의 광고를 접한 대학생들은 실제로 오프라인 행사에 참여하거나 공모전에 지원하는 등의 활동을 보인다. 이런 점에서 대학생 집단에 한해서만큼은 애드투페이퍼가 카카오톡 플러스 친구나 페이스북보다 광고의 효율이 높다고 볼 수 있다. 카카오톡이나 페이스북에는 이름이나 나이 정도를 제외한 여타 정보가 거의 입력되어 있지 않을 뿐더러 정확하다고 할 수도 없지만 애드투페이퍼는 지역별, 대학별, 전공별, 학년별로 타깃팅이 가능하다는 점에서 기존의 모바일 광고 플랫폼과 차별화된다.

하지만 애드투페이퍼가 처음 사업을 시작한 2010년부터 약 2여 년간은 광고주들의 반응이 좋지 않았다. 광고 재구매율이 거의 없을 정도였으니 '좋지 않았다' 정도가 아니라 '나빴다'고 해야 할 것이다. 당시 가장 큰 문제점은 애드투페이퍼의 초기 모델이 가지고 있던 한계, 즉 프린팅 하단의 단순한 광고 노출로는 광고주들을 만족시킬 수 없다는 점이었다.

더 좋은 광고 플랫폼으로 이끈 표지판들

애드투페이퍼의 초기 사업 모델은 일본에서 프린팅 서비스로 성공한 타다카피Tadacopy의 콘셉트를 벤치마킹해서 만들어졌다. 타다카피는 뒷면에 광고가 인쇄된 이면지를 각 학교의 복사기에 직접 배포하면 그 종이를 이용해 학생들이 무료로 프린트를 할 수 있는 서비스다. 전해나 대표는 무료 프린팅 서비스라는 콘셉트가 좋긴 했지만 직접 실행하기에는 무리라는 판단이 들었다. 종이 뒷면에 광고를 미리 찍어서 학교에 배송하는 타다카피의 비즈니스 모델은 비교적 큰 규모의 초기 자본이 있어야 가능하기 때문이었다. 종이를 보관하는 공간이 별도로 필요함은 물론 배송비도 적지 않기에 거리가 먼 대학들과는 제휴를 맺기 어렵다는 점에서 이는 시작하기도, 또 확장하기도 어려운 사업 모델이었다. 그래서 전 대표는 무료 프린팅이라는 골자만 남기고 나머지를 새롭게 발전시켰다.

이렇게 태어난 애드투페이퍼의 초기 사업 모델은 학생들이 프린팅을 할 때 실시간으로 애드투페이퍼 서버에서 그 컴퓨터로 광고 데이터를 받아오는 형태였다. 종이의 뒷면이 아닌, 인쇄면 위아래에 얇은 띠로 광고가 실리게 만든 것이다.

나름 오랜 고민을 통해 발전시킨 사업 모델이었음에도 전 대표는 또 다른 난관에 직면했다. '종이'라는 광고매체에 대한 광고주들의 반응을 미처 예상치 못했던 것이 문제였다. 인터넷과 모바일이 광고 시장에서 집중 조명을 받으면서 인쇄 광고는 하향세를 타고 있었다. 미디어 학자인 마셜 맥루한Herbert Marshall McLuhan이 '매체가 곧 메시지'라고 말했던 것처럼, 대부분의 기업들은 프린팅 광고가 오히려 기업의 이미지를 떨어뜨린다고 생각했다. 때문에 힘겨운 설득 끝에 광고를 한 번 계약했어도 재구매하는 곳이 없을 정도로 애드투페

애드투페이퍼의 2010년 초기 사업 모델

이퍼에 대한 기업들의 반응은 좋지 않았다.

그에 반해 학생들의 호응은 뜨거웠다. 비록 프린트 한 장당 지불하는 금액은 50원에 불과하지만, 한 학기 내내 드는 비용을 합해보면 5만 원은 가볍게 넘곤 한다. 대학생들의 소소한 지출을 막아주는 애드투페이퍼는 여태껏 누구도 몰랐던 학생들의 가려운 곳을 긁어주는 서비스였고, 덕분에 이용자 수는 증가일로였다.

하지만 아무리 이용자 수가 늘어나도 광고주가 줄어드는 상황에서는 사업 확장이 불가능했다. 광고주가 많아지지 않으면 학생들이 무료로 출력할 수 있는 종이 수가 줄어들 것이고, 이는 이용자 감소라는 결과로 이어질 것이 분명했다. 엎친 데 덮친 격으로 그 시기에는 중소기업청에서 받았던 시드머니 3,500만 원도 바닥을 드러내고 있었다. 이러한 상황을 타개하려면 원하든 원하지 않든 또 한 번 사업 모델을 크게 전환해야 했다.

애드투페이퍼를 설립한 지 2년이 되던 2012년 말, 전 대표는 광고 채널을 인쇄지에서 모바일로 확장하기로 결심했다. 인쇄 광고는 유지하되 모바일 광고를 중심으로 내세우는 새로운 사업 모델이었다. 이 모델은 모바일 앱에서 여러 개의 광고 캠페인들을 동시에 진행하고, 그 캠페인에 참여하는 대학생은 무료 프린팅을 할 수 있게 하는 방식이었다. 이처럼 노골적으로 전면에 광고를 내세우는 서비스는 어디에도 없었기 때문에 사실 전 대표는 성공 가능성을 확신할 수 없었지만, 그렇다고 뒷걸음칠 수도 없었기 때문에 최고의 가능성만을 믿고 진행했다.

새 학기가 시작되던 2013년 3월 2일, 그날은 애드투페이퍼가 모바일 앱을 처음으로 선보이는 날이었다. 대학생들의 반응은 예상을 뛰어넘을 정도로 엄청났다. 대학별 앱 다운로드 수나 출력된 종이의 수 등과 같은 모든 지표들이 크게 상승한 덕분에 5분마다 앱 데이터 분석 페이지를 새로고침하며 들여다봐야 할 정도였다.

이전에는 대학생이라는 것을 제외하면 별달리 내세울 점이 없는 광고 플랫폼이었지만, 모바일 앱을 론칭하면서 정교한 타깃팅은 물론 광고 성과에 대한 정확한 분석이 가능해졌고, 배너 광고뿐 아니라 클릭이나 설문조사처럼 대학생의 참여를 유도하는 새로

애드투페이퍼 서비스 대학
(2014.5)

2014년 5월 현재 애드투페이퍼 서비스 대학

운 형태의 광고 캠페인도 진행할 수 있었다. 이런 상황이 되자 모바일 앱과 관련된 광고 지표들을 본 광고주들의 반응은 180도 달라졌다. 인쇄 광고만 하던 이전의 2년 동안 광고주 수는 220개에 불과했지만, 모바일 앱 론칭 이후에는 10개월간 120건의 광고를 계약했다. 광고 1건당 규모도 더 커져 2014년에는 10억 원 이상의 매출이 일어날 것으로 전망하고 있다.

2014년 9월, 애드투페이퍼는 또 한 번의 서비스 리뉴얼을 통해 변화했다. 더 이상 출력물 하단에 광고가 인쇄되지 않는 모바일 광고로 전환한 것이다. 또한 애드투페이퍼의 가상화폐인 애딧을 선보임으로써 유·무료 출력을 위한 충전형 '유료 포인트'를 통합했다. 이들은 앞으로도 여러 가지를 시도하면서 서비스를 확장해볼 예정이다.

20대가 만들고, 20대와 함께 나이 들어가는 서비스

애드투페이퍼는 '우리는 이래야 한다'는 제약을 두지 않고 시장이 보여주는 표지판을 따라 진화해왔다. 타다카피의 모델에서 물리적 한계를 보완한 클라우드 기반의 지면 광고로, 그리고 다시 모바일 광고 플랫폼으로. 이들은 애드투페이퍼의 잠재력에 의문을 가졌던 이들에게 휩쓸리지 않고 '대학생의 삶이 편해지는 서비스를 만들자'라는 열망으로 자신들의 친구인 대학생들의 목소리에 귀를 기울였다.

이는 애드투페이퍼가 대학생들이 만든 회사였기에 가능한 것이었다. 즉, 같은 대학생이기에 알 수 있었던 불편함을 해소하고 이를 이용해 새로운 가치를 탄생시킨 것이다. 사실 대학생이 아니고서는 매일같이 수업 자료를 출력하는 데 쓰는 1,000~2,000원이 가끔은 얼마나 아깝게 느껴지는지 알 길이 없고, 대부분의 대학생이 매일 복사실에 간다는 사실도 떠올리기가 어렵다.

2010년 당시 일본에서 크게 성공한 타다카피를 벤치마킹한 국내의 기업들이 없었던 것도 아니다. 그러나 그들은 하나같이 얼마 못 가 결국 사업을 정리했다. 아마도 본인이 가려운 것이 아니니 고객들의 어떤 부분을 긁어줘야 할지도 몰랐다는 점이 가장 큰 실패 요인으로 작용했을 것이다. 반면 대학생들로만 구성된 애드투페이퍼는 이 점을 아주 잘 알고 있었다.

애드투페이퍼는 어느덧 대학생 회원 30만 명을 달성하며 누적 출력 수 20만 장, 비용으로 환산하면 10억 원에 이르는 성과를 기록했다. 창업 초기에는 구성원들이 어리고 사업 경험이 없었기에 영업, 개발, 홍보, 고객 대응 등 어느 하나 쉬운 것이 없었다. 광고주들이 사업 파트너보다는 멋모르는 젊은이로 치부할 때도 많았다. 하지만 애드투페이퍼는 사업의 핵심 포인트인 대학생의 사정을 가장 잘 이해하고 있었기에 살아남을 수 있었고, 앞으로 이어질 또 다른 미래도 그릴 수 있게 됐다.

난관에 부딪혀 포기하고 싶을 때마다 전 대표는 '그럴 때 포기하지 않고 그것을 극복해내는 것이 결국 큰 차이를 만든다'라는 믿음을 되새긴다. 애드투페이퍼의 대학생 사업가들은 이렇게 회사와 함께 성장하고 있다. 애드투페이퍼가 커지면서 이들에게도 큰 변화들

(단위: 만)

2,500
2,000
1,500
1,000
500
0

200만 장 — 2011/12
630만 장 — 2012/12
1,400만 장 — 2013/12
2,000만 장 — 2014/5 현재

애드투페이퍼의 2010~2014년 누적 출력량

이 생겼다. 전 대표는 학교를 그만뒀고, 휴학 중이었던 팀원이 복학했는가 하면 새로운 팀원이 휴학을 하고 팀에 합류하기도 했다. 이런 변화에도 바뀌지 않는 것 하나는 애드투페이퍼가 우리 인생의 가장 아름다운 청춘을 함께하는 서비스라는 점이다. 유저들과 함께 성장하고 있는 애드투페이퍼. 모바일 트랜드를 주도하는 20대에게 가장 영향력 있는 모바일 서비스가 되는 것이 애드투페이퍼의 비전이다.

③ VCNC :
모두가 바라보는 곳의 반대쪽을 바라본다

VCNCValue Creators & Company는 연인들에게
비트윈Between이라는 모바일 서비스를 제
공한다. 비트윈은 오직 커플끼리만 채팅, 앨
범 공유 등을 하는 폐쇄형 SNS로 2011년
3월에 공식버전 앱이 출시되어 2014년 7월
까지 약 800만 건의 다운로드 수를 기
록했고, 국내뿐 아니라 일본, 중국, 동남
아 등에서도 많은 사람들이 이용하고 있
다. VCNC는 지금까지 소프트뱅크벤처스

VCNC 로고

비트윈 로고

SoftBank Ventures, 스톤브릿지캐피탈Stonebridge Capital, KTB네트워크,
캡스톤파트너스Capstone Partners에서 40억 원을 투자받았고 2014년
2월에는 DeNA, 5월에는 일본의 글로벌브레인Global Brain 및 미국
의 500스타트업500 Startups에서 추가 투자를 유치했다.

개방형 SNS와 폐쇄형 SNS

지금은 우리에게 너무도 익숙한 SNS지만 그 역사는 불과 10여 년에 불과하다. 너무 많이 들어서 진부하게까지 느껴지는 SNS라는 단어는 2009년에 트위터, 페이스북이 폭발적으로 성장하면서 대중적으로 알려졌다. 하지만 '사용자 간의 자유로운 의사소통과 정보 공유, 그리고 인맥 확대 등을 통해 사회적 관계를 형성하고 강화시켜주는 온라인 플랫폼'을 의미하는 SNS는 이전에도 존재했다. 사람과 사람을 연결해주는 네트워크의 특성상 사실 모든 인터넷 서비스에는 소셜이라는 명칭을 붙여도 큰 무리가 없기 때문이다. 게시판에 글을 남기고 대화방에서의 채팅 등이 가능했던 하이텔, 케텔 등의 PC통신, 1990년 후반에 웹 기반 인터넷 서비스가 활성화되면서 등장한 포털 서비스 다음의 '카페', 프리챌의 '커뮤니티' 등 초창기 인터넷 서비스는 물론 1999년에 선보인 아이러브스쿨, 싸이월드 역시 SNS의 일종이었다. 그리고 이후 인터넷과 모바일이 더욱 발전하면서 2006년 페이스북, 트위터 등 다양한 서비스가 등장했다.

많은 사람들과 정보를 공유하며 소통할 수 있었던 SNS에 내한 반응은 가히 폭발적이었다. 하지만 빛이 밝을수록 그림자는 더욱 어둡듯이 불특정 다수와 소통하는 개방형 SNS가 가진 문제점도 서서히 드러나기 시작했다. 나를 잘 모르는 사람이 내가 어디에서 무엇을 하고 있는지를 전부 알고, 트위터에 별 생각 없이 올린 글이 기사에 인용되기도 하는 등 개인의 사생활과 개인정보가 여과 없이 누출된 것이다. 그래서 사람들은 점차 자신의 생각을 온라인

VCNC

상에 자유롭게 드러내지 못하고, 넘쳐나는 정보 속에서 무엇이 옳은지 판단하는 능력도 점점 상실하고 있다. 페이스북에서 선생님이 제자를 친구로 추가하고, 트위터에서 직장 상사가 나를 팔로우하거나 얼굴도 모르는 택배 기사가 카카오톡 친구 추천에 뜨는 일이 이제는 우리에게 스트레스로 다가온다.

무분별한 SNS의 이용에 스트레스를 받은 사람들은 SNS의 본질인 사회적 관계를 제대로 맺기 위해 좁지만 깊은 것을 원하기 시작했다. 이때 '넓고 얕은 관계'보다 '좁지만 깊은 관계'에 대한 이용자의 니즈를 반영해 혜성처럼 등장한 것이 폐쇄형 SNS다. 폐쇄형 SNS는 개방형 SNS가 불특정 다수와 무제한으로 친구를 맺고 누구나 쉽게 게시물을 볼 수 있게 하는 것과 달리 한정된 소규모 그룹과 관계를 맺어 사진, 게시글 등을 공유한다. 이러한 폐쇄형 SNS는 2011년 미국에서 유행하기 시작했는데, 그 시초는 '인간이 친밀한 관계를 맺을 수 있는 최대치는 150명'이라는 이론에 근거해 인맥의 범위를 150명으로 제한한 '패스Path'다. 한편 커뮤니케이션 전문가들은 여러 사람이 친밀함 없이 엮이는 개방형 SNS 대신 오프라인에서의 실제 관계를 발전시키는 폐쇄적 방향으로 SNS 사용 행태가 변하고 있다고 분석한다.

이런 흐름에 발맞춰 국내에서도 대기업을 선두로 다양한 폐쇄형 SNS가 등장했다. 2012년 8월 네이버가 선보인 '밴드'를 시작으로 2013년 9월에는 카카오가 '카카오그룹'을, 2014년 1월에는 다음에서 '쏠그룹'을 출시했다. 밴드는 기존 회원의 초대로만 시작할 수 있고, 쏠그룹은 모임에서 발생한 비용을 나눠주는 돈 정산 기능을 갖추는 등 나름의 경쟁력을 확보하기 위해 노력한다. 뿐만 아니라 가족끼리만 정보를 공유하는 '패밀리북'도 있다.

커플을 공략하다

하지만 새로운 타깃을 대상으로 한 발 앞선 앱이 있다. 바로 세계 최초이자 세계 최대 커플 앱인 비트윈이다. 페이스북과 트위터가 급속도로 성장하던 2011년에는 많은 회사들이 오픈 SNS를 만들고자 했다. 그러나 그때 비트윈의 박재욱 대표는 전혀 다른 방식으로 이 현상에 접근했다.

'자신의 정보를 공개해 서로 공유하는 SNS가 많아질수록 분명히 불편함도 생길 텐데, 그런 불편함에는 어떤 것들이 있을까? 사람들은 오히려 자신의 정보를 숨기고 싶어 하지 않을까? 그렇다면 안티 SNSAnti-SNS를 만들어야겠다.'

비트윈이 포착한 지점은 앱이든 무엇이든 그것을 이용하는 사람들이 많아질수록 분명 그에 따르는 문제점도 파생되기 마련이라는 것이었다. 많은 사람들과 넓은 관계를 맺을수록 친한 사람들과 깊은 관계를 맺고 싶어 하는 니즈 역시 생길 것이라고 예상한 박 대표는 여러 집단을 조사한 뒤 커플이라는 집단이 그 욕구가 가장 크다는 결과를 얻었다. 또한 실제 주변에서도 친구들과는 카톡으로 대화하지만 연인과는 마이피플, 틱톡 등을 따로 사용하는 지인들의 행동 패턴을 보며 사람들이 다른 집단으로부터 들어오는 메시지와 연인 간의 메시지를 분리하고 싶어 한다는 것을 확인할 수 있었다. 이러한 결과를 바탕으로 폐쇄형 SNS인 비트윈은 '커플'을 타깃으로 삼았다.

박 대표의 접근은 성공적이었다. 2014년 7월까지 비트윈은 약 800만 건이 다운로드됐고, 월간 앱 실행횟수는 9억 5,000만 회, 그리고 한 달간 이용자들의 평균 체류시간은 약 8.5시간에 이른다. 하지만 처음부터 무조건 성공을 장담할 수 있었던 것은 아니다. 안티 SNS가 신선한 접근방식이긴 했지만 한창 SNS 열풍으로 이 분야에 뛰어든 사람들이 워낙 많기 때문이었다.

박 대표는 치열했던 그 분야에서 살아남을 수 있었던 이유로 남들과 달랐던 출발 포인트를 꼽는다. 단순히 당시의 트렌드만을 봤다면 박 대표 역시 개방형 SNS를 개발했겠지만, 유행하는 트렌드뿐 아니라 그로 인해 생겨날 불편함을 빠르게 예측해 다가올 소비자의 니즈를 포착했다. 이미 대중화된 시장에서 먼저 입지를 다진 곳들과 경쟁해서 이기는 것은 어려운 일이기 때문이었다. 커플 대상의 폐쇄형 SNS 분야에 대한 이런 발 빠른 선점은 유저들에게 인지도를 높일 수 있는 시간을 벌었고, 이것이 다시 시장지배력으로 이어지면서 브랜드 자체의 경쟁력도 향상되어 후발주자들의 추격에도 흔들리지 않는 강력한 무기가 되었다.

또한 VCNC는 후발주자들이 쉽게 흉내 내기 어려운 기술 장벽도 쌓았다. VCNC는 현재까지 185억 건에 달하는 누적 메시지 전송량, 1억 9,000만 건의 누적 사진 전송량을 관리하며 하루에 4,000여만 개의 메시지를 처리하고 있다. 이는 결코 쉬운 일이 아니었지만, 그간의 많은 시행착오를 통해 대용량 메시지 처리 기술을 안정적으로 쌓을 수 있었다. 이 또한 먼저 시장에 진입해서 시간을 확보했기에 가능한 일이었다.

사실 커플은 서비스 이용의 변동성이 큰 유저다. 모든 사람들의 연애 기간이 딱 정해져 있는 것은 아니고, 만나고 헤어지기도 반복하기 때문이다. 커플 유저들이 꾸준히 서비스를 이용하지 않고 가입과 탈퇴를 반복하는 등 끊임없이 변동한다는 것은 유저들의 행동패턴과 니즈 등을 분석하는 데 있어 변수가 늘어남을 의미하고, 이는 사업 계획 및 진행에 걸림돌이 될 수밖에 없다. 하지만 VCNC는 이러한 애로사항들에 대해 '연애는 사람이 하는 지극히 감성적인 일'이라고 겸허히 받아들이며 자신들이 할 수 있는 최선의 노력을 다하고자 한다.

VCNC의 비전은 모바일 세상에서 감성적 커뮤니케이션을 통해 사람들의 오프라인 관계성을 향상시키는 것이다. 그렇기 때문에 변동성이 큰 유저를 관리하는 방법은 '좋은 제품을 만들어 유저들의 오프라인 관계를 더 좋게 만드는 것'이다. 비트윈을 쓰는 사람이 그렇지 않은 사람에 비해 행복감이 더 높다면, 사람들은 비트윈을 계속 쓸 것이기 때문이다. 그렇기 때문에 VCNC는 유저들의 행복감을 더욱 높게 만드는 것이 회사의 비전이자 가치라고 여긴다.

2012년 3월 : 비트윈 공식버전 론칭	
2012년 12월까지의 다운로드 수	약 200만
2013년 12월까지의 다운로드 수	약 500만
2014년 5월까지의 다운로드 수	약 700만
2014년 7월까지의 다운로드 수	약 800만

누적 메시지 전송량 : 185억 건	월간 앱 실행횟수 : 9억 5,000만 회
누적 사진 전송량 : 1억 9,000만 건	이용자당 월평균 체류시간 : 약 510분

비트윈과 관련된 각종 수치들

위와 같이 꾸준히 상승하는 사업 성장 지표 덕분에 VCNC는 투자 역시 열심히 받는 중이다. 2012년 1월에는 소프트뱅크벤처스가 10억 원을, 2013년 1월에는 소프트뱅크벤처스, 스톤브릿지캐피탈, KTB네트워크, 캡스톤파트너스에서 총 30억 원을, 2월에는 DeNA, 5월에는 일본의 글로벌브레인과 미국의 500 스타트업에서 비공개 금액을 VCNC에 투자했다. 실로 엄청난 규모의 투자금액이다.

하지만 비트윈에는 뚜렷한 수익 구조가 없다. 때문에 밖에서 보기에 VCNC의 행보는 모래 위에 집을 짓는 것처럼 불안할 수도 있다. 돈 버는 수단 없이 회사가 운영되려면 투자를 받아야 하는데, 투자 유치에는 언제나 위험성이 수반되기 때문이다. 엔젤투자자들처럼 아무런 대가 없이 순수한 목적으로 투자하는 사람들도 있지만 대개의 투자자는 어떠한 이윤을 기대하기 마련이기에 투자 유치는 그만큼의 책임감이 따르는 일이다. 또한 자칫 과도한 금액을 투자받으면 내부가 아닌 외부를 중심으로 회사가 운영되면서 경영 주도권을 잃을 수도 있다. 이런 점에서 VCNC를 우려 섞인 시선으로 바라보는 사람들은 적지 않다.

하지만 이에 대해 박 대표는 "우리는 우리의 서비스를 믿기 때문에 당장의 수익 구조가 없어도 전혀 불안하지 않다. 사업을 시작할 때부터 빠른 시일 내에 돈을 벌겠다는 생각은 없었다"라고 단호하게 말한다. 덧붙여 그는 주위에서 VCNC를 걱정하는 이유로 '국내에서 충분한 규모의 유저들을 확보하는 시간적 여유를 가진 후에 수익화를 시작하는 선례들이 없었기 때문'이라고 이야기한다.

사실 인터넷 비즈니스가 큰돈을 벌기까지는 꽤 오랜 시간이 필요하다. 이제는 누구나 다 아는 페이스북, 구글, 야후 역시 단기간에 지금과 같은 성과를 낸 것은 아니었다. 아래 그래프에서 보듯 그들 역시 창업 후 4년까지는 거의 수익이 없었다. 하지만 그들은 이용자를 최대한 많이 확보할 때까지 기다렸고, 어느 정도의 임계점

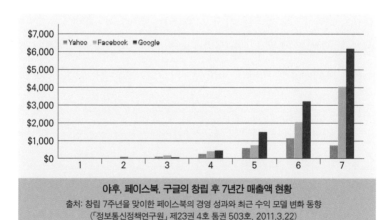

야후, 페이스북, 구글의 창립 후 7년간 매출액 현황

출처: 창립 7주년을 맞이한 페이스북의 경영 성과와 최근 수익 모델 변화 동향
「정보통신정책연구원」 제23권 4호 통권 503호, 2011.3.22)

을 지났을 때에야 비로소 돈을 벌기 시작했다.

우리나라에서는 사업을 시작하는 순간부터 돈을 벌어야 한다고 여기는 경향이 강하다. 하지만 VCNC가 가장 중요하게 생각하는 것은 '지속 가능성'이다. 잠깐 반짝하고 사라지는 회사가 아닌, 사람들에게 오랫동안 사랑받는 회사가 되기를 바란다. 그러기 위해서는 보다 가치 있는 제품을 만드는 것이 중요하다. 사람들이 그 제품을 위해 기꺼이 돈을 써야만 회사가 장기간 운영될 수 있기 때문이다. 그래서 사람들이 비트윈을 통해 더 많은 만족감과 행복감을 느낄 수 있도록 최적화된 솔루션을 찾기 위해 지금은 투자를 받으며 시간을 버는 중이다.

데이터가 사업을 이끈다

투자자들이 꼽는 VCNC의 강점 중 하나는 데이터를 통해 소비자를 분석해서 접근하는 능력이다. 이는 VCNC가 향후 마케팅 플랫폼으로서 큰 잠재력을 가지고 있음을 보여주는 것이기도 한다. 언뜻 생각하면 감성적 서비스인 비트윈을 운영하는 데 있어 수치 자료인 데이터를 분석하는 것이 효과적이지 않을 것 같지만, 박 대표는 '의식적으로 하는 행동보다 무의식적으로 하는 행동들이 진짜 그 사람의 본성을 나타낸다'고 생각한다. 다시 말해 데이터는 사람들이 무의식으로 만들어내는 행동 패턴들의 합이기 때문에 그것을 분석함으로써 사람들이 비트윈을 통해 얻을 수 있는 만족감을 더 높일 수 있다는 것이다. 뿐만 아니라 이용자의 피드백은 소수의 의

견일 수 있지만, 데이터는 대다수의 사람들이 만드는 이용자의 진정한 목소리이기 때문에 더욱 유의미하다고 그는 생각한다.

VCNC는 비트윈을 통해 유저에 대한 다양한 정보를 파악한다. 프로필을 통해 성별, 거주지, 국적 등은 물론 커플 간의 SNS이므로 유저들이 올리는 콘텐츠를 통해 그 커플만의 기념일이나 특별한 장소 등까지 알 수 있다. 이처럼 비트윈을 사용하는 이용자가 누구이고 어떤 행동 패턴을 보이는지 등의 데이터는 다양하게 활용된다. 가령 비트윈을 처음 접한 사람들의 이탈율을 줄이려 한다면 오랫동안 비트윈을 이용한 이용자들과 단기간에 비트윈을 빠져나간 이용자들의 사용 패턴의 차이점을 분석하고, 전자의 사용 패턴을 중심으로 이탈율을 낮추는 장치를 설계할 수 있다. 또한 이용자 집단을 나눠 서로 다른 모델 A, B를 보여주고 일정 시간이 흐른 뒤 더 많은 사람들이 남아 있는 쪽의 서비스 모델을 채택하는 등 서비스가 나아갈 방향을 정하는 데도 데이터 분석을 십분 활용할 수 있다.

해외 진출을 목표로 한 VCNC가 진출 국가를 결정할 때 가장 중요하게 고려했던 것도 데이터였다. 이때 비트윈은 해당 국가에서 마케팅을 일체 하지 않았음에도 비트윈 이용자들이 자연적으로 생겼음을 보여주는 자료, 그리고 각 국가의 이용자들이 비트윈 안에 머물렀던 시간 등 두 가지 데이터를 집중적·종합적으로 분석했다.

그 과정에서 VCNC는 예상치 못했던 유의미한 사실 한 가지를 발견했다. 그것은 어떤 국가 사용자의 패턴이 다른 국가의 사용자에게도 영향을 미쳐서 결과적으로 두 국가 사용자들의 패턴이 유사해질 수 있다는 것이었다. 예를 들어 대만에서의 앱 다운로드 수는 일본에서의 다운로드 수에 따라 증가 또는 감소하면서 패턴에 유사성을 보였다. 이를 통해 VCNC는 일본에서의 마케팅이 대만에도 영향을 미치는지의 여부를 파악하는 등을 통해 효과적으로 사업을 운영할 수 있었고, 결과적으로 대만에는 지사가 없음에도 일본에서 비트윈이 성장한 만큼의 성과를 대만에서도 얻었다.

데이터 분석은 VCNC가 일본뿐 아니라 이러한 문화적 영향을 미치는 핵심 허브 국가들을 발견하고, 그 국가들의 도시를 중심으로 글로벌화를 시작하는 데 큰 도움이 되었다. 현재 VCNC는 일본 지사를 통해 대만 등 동아시아 시장에, 싱가포르 지사를 통해서는 말레이시아, 인도네시아, 태국 등 동남아시아 시장에 주력하고 있다. 박 대표는 일단 아시아 시장에 집중해서 이용자를 최대한 많이 확보하는 것이 목표이며, 향후 계획은 구상 중이다.

VCNC에게 데이터란 단순한 숫자들의 나열이 아니라 그 수치들이 가진 의미를 파악하는 것이다. 그래서 가설을 설정한 뒤 데이터를 통해 그것을 검증하고, 실제로 그 패턴의 재현 가능성을 확인하는 작업을 끊임없이 반복한다. 가설이 틀리는 경우도 부지기수였지만, 이런 과정들이 성공하는 경우가 많아질수록 VCNC는 더욱 신뢰도 높고 구체적인 자료들을 쌓을 수 있었다. 이런 자료들이 해외 사업에 있어 시행착오를 줄일 수 있는 좋은 거름이 되었음은 물론이다.

커플들을 위한 생태계: 수익 모델의 확장성

커플들을 위한 생태계를 만들고자 하는 VCNC는 더 많은 커플들을 모아 더 좋은 생태계를 구현하는 것을 목표로 한다. 전 세계 사람들이 사용할 수 있는 하나의 제품을 만들되 각 국가의 문화적 특성을 고려한 현지화 전략을 펼치는 이유도 그 때문이다. 이 전략의 가장 기본적이고 중요한 점은 '제품은 변하지 않으면서 사용자들의 다양한 니즈를 충족시키는 것'이다. 그래서 VCNC는 커플들의 가장 근본적인 니즈, 즉 두 사람만이 은밀하지만 자유롭게 커뮤니케이션하고 둘만의 추억을 저장해 언제든지 들춰볼 수 있기를 바란다는 점에 집중한다. 이를 통해 자신들의 전략을 고수하고, 자신들이 충족시켜줄 수 없는 부분들은 앞으로 카카오톡 플러스처럼 제3의 회사들을 통해 채워주며 커플들을 위한 생태계를 만드는 것이 VCNC의 목표다.

비트윈 안의 '맛집 예약하기' '데이트지갑'

카카오처럼 이미 플랫폼화된 SNS는 많다. 하지만 완벽하게 커플만을 타깃으로 하는 것은 없기 때문에 VCNC는 비트윈이 가진 강점이 분명히 있다고 확신하고, 그렇기 때문에 커플의 생태계를 만들고 확장해 더욱 그들에게 특화된 서비스를 제공할 수 있다.

그렇다고 VCNC가 커플

생태계를 구축하며 무작정 판을 키우고 있는 것은 아니다. 많이 움츠린 만큼 멀리 뛰기 위해 여러 모델을 구상 중인데, 우선 지금은 메시지를 주고받을 때 사용하는 이모티콘 등의 가상 아이템을 판매하고 있다. VCNC는 자신들이 가장 잘할 수 있는 분야로 상거래commerce를 꼽는다. 상거래에서는 어떤 상품에 노출된 사람들 중 얼마나 많은 이들이 구매로까지 이어지는지가 중요하다. 이러한 실구매자 비중을 높이려면 어떤 사람들에게 어떤 상품이 언제 필요한지를 파악해야 하는데, 비트윈은 이러한 정보를 정확히 알 수 있다. 두 사람이 어떤 사람이고, 그들에게 생일이나 기념일 등 의미 있는 날이 언제인지는 물론 일반적으로 커플들이 선물을 주고받는 밸런타인데이나 크리스마스 등의 날도 알기 때문이다. 커플들이 필요로 하는 제품을 적시에 제공할 수 있다는 점에서 VCNC는 상거래에 큰 자신감을 보인다.

최근 VCNC는 기프트숍, 모바일쿠폰숍을 통해 연인끼리 가볍게 선물을 주고받을 수 있는 커머스 서비스를 시작했다. 또한 데이터 분석을 바탕으로 이용자들이 필요로 하는 서비스를 외부와의 협업을 통해 제공함으로써 비트윈과 외부 서비스업체가 함께 성장할 수 있는 플랫폼을 기획 중이다. 그리고 또 한 가지 방법으로 광고가 있다. 웨딩, 여행, 테마파크, 카페 등 커플을 타깃으로 광고하고 싶어하는 광고주들은 많다. 그래서 VCNC는 광고주들에게 비트윈의 이용자들을 제공하고, 광고주들은 이용자들에게 도움이 되는 광고를 보여주면서 비트윈 유저들이 더 크게 만족하는 선순환의 구조를 만들고자 한다. 이 외에도 VCNC는 조금 더 나은 서비스를 이용할 수 있는 프리미엄 계정도 구상 중이다.

VCNC는 더 큰 미래를 위해 참고 기다리고 있다. 아직 뚜렷한 수익 모델이 없다는 주위의 우려가 있음에도 뚝심 있게 판을 키우는 시간을 확보할 수 있는 이유는 자신들의 서비스에 대한 믿음이 있기 때문이다. 지금까지의 궤적으로 보아 VCNC는 현재 그냥 움츠러든 채로 있는 것이 아니라 더 멀리 뛰기 위해 더 먼 곳을 바라보며 숨을 고르고 있는 중이다. 앞으로 그들은 얼마나 높이, 또 얼마나 멀리 뛸 수 있을까? 그들의 행보가 더욱 궁금해진다.

VCNC

기존 시장의 틈새를 공략하는
'니치 마케팅'

2007년 우리나라의 캔커피 시장은 이미 포화 상태였다. 레쓰비, 칸타타, TOP 등의 커피브랜드는 한정된 시장을 두고 치열하게 경쟁 중이었다.

이때, 세계 캔커피 시장에서 점유율 1위를 차지하고 있는 조지아커피가 국내에 들어왔다. 글로벌기업인 코카콜라에서 만드는 조지아커피는 이미 터지기 일보직전인 국내 캔커피 시장에 진입하기 위해 기존 기업들과 다른 새로운 마케팅을 시도했다. 조지아커피는 당시 국내 캔커피 시장에서 1위를 차지하고 있던 레쓰비를 인정하면서 '직장인 남성'이라는 자신들만의 타깃을 찾았다. 온갖 스트레스에 시달리는 직장인 남성들에게 기분 좋은 휴식을 제공한다는 콘셉트로 마케팅한 조지아커피는 그 결과 국내 캔커피 시장에서 입지를 굳힐 수 있었다. 당시 조지아커피가 펼친 전략은 우리가 흔히 니치 마케팅이라고 부르는 틈새시장 전략이었다. 틈새시장 전략은 고객 구매 패턴, 기호, 선호도 등을 분석해 특정 시장을 집중적으로 공략하는 것을 말한다.

TV, 라디오 등의 매스미디어와 이메일, 인터넷 등의 매체를 통해 무차별적이고 대규모로 시도되었던 과거의 광고들은 분명 판매를 증가시켰다. 하지만 광고의 실제 효과인 ROI를 측정하는 기술이 발달하면서 대규모의 무차별적인 광고가 정말로 효과적인 것은 아니라는 연구결과가 나왔고, 그와 더불어 학계와 산업계 역시 시장과 고객을 더욱 엄밀하고 정확하게 파악하는 것이 마케팅의 효율성을 극대화하는 것임을 알게 됐다.

동시에 각종 매체들의 발달 덕분에 기업들은 한정된 매체로 불특정 다수를 상대하던 기존 상황을 벗어나 SNS, 화장품/요리 케이블 전문채널 등 특정 고객층을 만날 수 있는 채널을 활용, 마케팅 방법의 폭을 획기적으로 넓혔다. 이러한 다양한 매체는 특화된 시장의 특정 고객만을 노리는 데 최적화된 플랫폼이 되어 마케팅의 효과 제고에 기여했다. 기업이 만나고 싶어 하는 고객, 지갑을 열 확률이 높은 고객들과 연결해주고 그 대가로 수익을 가져가는 이러한 마케팅 플랫폼은 기존 광고 매체보다 고객을 정교하게 선별해 고객을 기업에게 연결시켜주는 혁신적인 방법으로 자리 잡았다. 이제는 보다 기발하고 혁신적인 방식을 통해 지갑을 열 만한 고객들을 세밀하고 정확하게 찾고 그들에게 한걸음 더 다가가는 것이 중요한 시대가 된 것이다.

블루오션이 새로운 시장의 '창출'을 의미한다면 니치 마케팅은 기존의 시장에서 틈새를 '발견'하는 것이다. 즉, 기존의 시장 구조에서는 보이지 않고 알려지지 않았던 니즈를 포착해 이를 공략하는 것이 니치 마케팅의 기본이다. 니치 마케팅은 다른 마케팅 전략과 달리 대기업에 비해 상대적으로 자본의 규모가 작은 기업에게 효과적이다. 다수의 대중보다는 소수의 마니아 집단에 초점을 맞춘다는 특성상 비교적 적은 자금으로도 다양한 서비스를 시도해볼 수 있기 때문이다.

하지만 새로운 시장을 찾는 것만큼이나 기존 시장의 틈새를 포착하는 것 역시 어려운 일이다. 이미 포화된 시장에서 아무나 틈새를 발견할 수 있는 것도 아니고, 설사 발견한다 해도 그것을 비집고 들어가 입지를 다지고 성공하는 것도 쉽지 않다. 그렇다면 어떻게 해야 니치 마켓에서 살아남을 수 있을까? 성공하는 사람에게는 이유가 있는 것처럼, 니치 마켓에서 성공하는 기업들에게도 그들만의 공통점이 있다. 시장에서 우수한 성과를 내고 있는 기업들을 통해 니치 마켓에서의 성공의 열쇠가 무엇인지 알아보자.

1. 가장 잘 아는 분야가 아니면 뛰어들지 마라

자신이 좋아하던 축구 분야에서 '이런 것이 있었으면 좋겠다'란 생각을 현실로 구현한 것이 얍 스튜디오의 '오늘의 해외축구'다. 자신 같은 축구 마니아를 위한 서비스, 축구팬이 정말 원하고 바라왔던 서비스가 무엇인지를 정확하게 짚을 수 있었기에 '오늘의 해외축구'는 폭발적인 반응을 얻을 수 있었다.

창업에 전혀 관심이 없었던 학생이 창업 수업을 듣던 중에 '이런 서비스야말로 대학생에게 정말 필요하겠구나' 싶은 아이템을 접하고 사업에 뛰어들어 만든 애드투페이퍼 역시 마찬가지였다. 창업팀이 대학생이었기 때문에 대학생들에게 필요한 것이 무엇인지를 정확히 파악할 수 있었고, 저가의 코스메틱 브랜드나 의류 브랜드, 채용/인턴, 어학원, 공모전 등 다양한 산업에서 대학생을 상대로 하는 기업들에게 어필할 수 있었기에 애드투페이퍼는 매력적인 광고 플랫폼으로서의 경쟁력을 가질 수 있었다.

구체적으로 어떤 틈새시장에 뛰어들지를 결정하기란 쉬운 일이 아니고, 뛰어들면 반드시 성공할 것이라는 보장이 있는 것도 아니다. 하지만 이미 대중화된 시장에서 먼저 입지를 다진 곳들과 경쟁하는 것보다 남들이 발견하지 못한 틈새를 포착해 선점하는 편이 성공 가능성이 더 높음을 부정할 수는 없다.

이런 틈새를 찾을 때 가장 중요한 것은 수박 겉핥기 식으로 막연하게 아는 시장이 아니라 자신이 가장 잘 아는 시장에서 찾아야 한다는 것이다. 더불어, 무작정 남들이 미처 발견하지 못한 시장을 찾으려 고군분투하기보다는 이미 경쟁자가 존재하는 시장이라 해도 그와 충분히 경쟁할 수 있는 자신만의 차별화된 상품을 만드는 것 역시 중요하다.

2. 린 스타일, 보다 빠르게 시도한다

니치 마케팅을 위해 주목해야 할 것은 '린lean' 사고방식이다. '군살이 없다'는 뜻의 '린' 사고방식은 제조업의 가장 큰 고민인 재고를 최소화하기 위해 도요타가 그때그때의 불규칙한 수요에 맞게 자동차 생산 방식을 재편한, '낭비제거 생산방식'의 경영원리에서 나온 개념이다. 다시 말해 낭비할 수 있는 불필요한 부분은 빼고 생각하자는 것이다.

린 사고방식을 창업에 끌어들인 '린 스타트업'의 개념 역시 이와 비슷하다. 린 스타트업은 아이디어를 최대한 빨리 제품으로 만들고 시장의 반응을 살핀 뒤 그것을 다음 제품 개선에 반영하는 등 '만들기→측정→학습'의 과정을 반복하면서 꾸준히 혁신해나가는 것을 말한다.[*] 무언가를 시작하기 전에 수치에 매달려 전전긍긍 오래 고민하고 망설이기보다는 일단 행동을 취한 다음 끊임없는 자기혁신을 통해 더욱 발전된 상품을 만드는 것이다.

폐쇄형 SNS에 대한 VCNC의 도전은 모두가 개방형 SNS를 향해 나아가고 있을 때 스스로의 생각을 믿고 뛰어든 것에서 시작되었다. 이렇게 '린'한 도전은 시장 선점과 시장지배력으로 이어졌고, 기술력을 쌓는 시간까지 확보하며 후발주자들에 비해 경쟁력을 갖추는 데도 용이하게 작용했다. 일단 시장에 진입해서 얻은 시간을 적극적으로 활용해 꾸준히 서비스를 향상시킴으로써 브랜드 인지도

---

[*] 네이버 시사상식사전.

와 기술력이라는 가장 큰 강점을 갖추게 된 것이다.

3. 니치 마켓에서의 성공, 그다음은 유사 니치 마켓이다!

니치 마켓은 틈새를 노린 시장이고, 그 틈새의 크기는 처음부터 정해져 있다. 아무리 그 시장 안에서 큰 성공을 거두더라도 시장은 언젠가 포화 상태에 이를 것이고, 기업의 성장은 한계에 부딪힐 수밖에 없다. 이런 경우 기존의 니치 마켓과 최대한 유사한 니치 마켓으로 눈을 돌리면 새로운 기회를 발견할 수 있다. 이미 틈새 영역을 잘 알고 있기에 그와 유사한 새로운 니치 마켓에서도 기존의 경쟁력을 유지할 수 있고, 시행착오 또한 최소화할 수 있기 때문이다.

유사한 니치 마켓을 찾을 수 있는 대표적인 방법이 글로벌 진출이다. 물론 해외 시장의 특수성, 너무나 다른 사업 환경 등 여러 어려움이 있겠지만 해외 니치 마켓으로의 시장 확대는 기존의 노하우를 바탕으로 하는 새로운 성장 기회가 될 수 있다.

VCNC가 국내 니치 마켓에서의 성공에 안주하지 않고 해외로 눈을 돌린 것 역시 이와 같은 맥락이다. VCNC는 일본, 싱가포르에 지사를 세우고 기존의 플랫폼에 현지화를 더해 사업을 키워나가고 있는데, 일본 시장에서의 노하우를 대만 시장에, 또 싱가포르에서 얻은 성공방식을 여타 동남아시아 시장에 적용하며 유사 니치 마켓을 성공적으로 공략하고 있다.

민감하게 파악하고, 끊임없이 변화하라

시장을 먼저 선점하는 것만큼이나 니치 마케팅에서 중요한 것은 소비자에게 깊이 각인되는 것이다. 자사의 상품과 이미지가 소비자에게 명확히 인지되어 있다면 후에 경쟁자가 생기더라도 타격이 적기 때문이다. 그렇다면 니치 마켓에서는 어떤 기업이 소비자에게 최대한 깊이 각인될 수 있을까?

이에 대한 답은 니치 마켓의 특징에서 찾을 수 있다. 니치 마켓은 특히나 타깃 소비자들의 요구와 성향에 따라 좌지우지되는 경향이 강하기 때문에 기업은 소비자의 변화에 따라 상품과 서비스를 유연하게 바꾸며 대응해야 한다. 즉, 시장의 흐름을 끊임없이 주시하며 소비자의 트렌드와 변화를 민감하게 잡아내고 이를 상품에 반영하는 작업을 지속적으로 반복하는 기업이라면 니치 마켓에서 수익을 낼 수 있다. 고객과 꾸준히 소통하며 그들의 니즈를 정확히 파악해 그들의 욕구를 충족시킬 수 있도록 지속적으로 변화하는 것, 그것이 니치 마켓에서의 성공 열쇠인 것이다.

3장

기술혁신:
거대한 변화의 길목에서
때를 기다려라

빌 게이츠가 마이크로소프트의 CEO였던 시절, 한 기자가 그에게 마이크로소프트가 가장 두려워하는 경쟁자는 누구인지 물었다. 빌 게이츠는 오라클이나 다른 여타 IT 기업의 이름을 대지 않았다. 그는 'two guys in garage', 즉 허름한 차고 안에서 무언가를 열심히 개발하고 있을 두 명의 젊은이가 가장 두렵다고 대답했다. 차고에서 시작한 그 젊은이들은 실제로 얼마 지나지 않아 애플, 구글을 비롯한 새로운 IT 기업들을 세웠고 마이크로소프트는 무소불위 같았던 왕좌에서 내려오게 됐다.

트렌드를 포착하고 고객들을 파악하기 위해 이리 뛰고 저리 뛰는 서비스 기반의 스타트업과 달리, 기술 기반 스타트업들은 한 장소에서 밤낮없이 컴퓨터와 씨름한다. 이들이 만들고자 하는 것은 고객의 취향에 딱 맞춘 제품이라기보다 세상이 필요로 할 새로운 기술이기 때문이다. 이들에게 필요한 것은 시대의 흐름을 파악하고 변화의 시점을 예상하는 배포와 자신의 기술을 최고의 수준까지 끌어올릴 수 있는 끈기다. 이는 위험성이 높은 데다가 기회비용이 너무 크기 때문에 대기업에서는 찾아보기 어려운 사업 방식이다. 하지만 분명한 것은 시대의 변화를 선도하는 기술, 변화의 흐름을 감지하고 이를 준비하는 도전적인 기술이 더 폭발적인 영향력을 가질 것이라는 점이다. 새로운 기술을 통해 새로운 삶의 방식을 만들어내고 세상에 긍정적인 변화를 가져오는 것은 대기업이 아닌 스타트업의 몫이다. 그리고 이것이 기술 혁신이 필요한 이유이며 기술력이 강한 스타트업이 독보적인 경쟁력을 갖는 이유이기도 하다.

기술은 제품과 서비스를 가능하게 하는 기본 조건이다. 그렇기에 기술 혁신은 기존 제품과 서비스에 새로운 생명력을 불어넣고, 또 다른 가능성을 열어준다. 통신 기술의 결과물인 전화기에 무선 통신과 모바일 기술이 더해지면서 스마트폰이 생겨난 것처럼 말이다. 이처럼 하나의 혁신적인 기술은 기존의 산업을 변화시키거나 신규 산업 분야를 만들어내기도 하면서 사회를, 그리고 우리의 삶을 송두리째 바꾼다.

출중한 기술을 보유한 기업은 마케팅 없이 기술만으로 고객과 투자자에게 어필할 수 있고, 기술이라는 만국공통어를 통해 언어 장벽을 넘어 전 세계를 상대로 비즈니스를 펼칠 수 있다. 소수 인원이라는 한정된 자원만으로 세상을 상대해야 하는 스타트업에게 있어 기술은 다른 약점을 상쇄하면서도 대기업이나 해외의 경쟁자들보다 앞설 수 있는 무기가 된다. 한국 스타트업계에서는 네이버나 다음이 대기업으로 성장하고 최근 카카오가 선전하고 있음에도 아직까지는 기술을 중심으로 하는 혁신기업이 보이지 않는다. 하지만 지금도 어디선가 기술 혁신을 준비하고 있는 팀이 있지 않을까?

기술 변화와 시대의 흐름을 읽고 이를 준비하고 있는 스타트업, 작지만 나름의 독보적인 기술로 성장에 박차를 가하고 있는 스타트업은 우리 주위에 분명 존재한다. 보안, LBS Location Based Service, UI 기술을 갈고닦으며 새로운 시대를 준비 중인 에스이웍스, 록앤올, 브이터치를 통해 그 모습을 살펴보고자 한다.

① 록앤올 :
LBS의 새로운 장을 연 14년의 뚝심

Life On Connection

록앤올 로고

록앤올Loc&All은 위치정보를 활용한 다양한 기술을 바탕으로 스마트폰 기반의 솔루션과 위치 서비스를 제공하는 기술벤처다. 위치정보location와 관련된 모든 것all을 로큰롤rock&roll처럼 즐겁게 만들겠다는 비전에서 회사 이름도 '록앤올'로 지었다. 이들은 2011년 3월에 '국민내비 김기사'라는 스마트폰 내비게이션을 처음 선보였다.

무소의 뿔처럼 혼자서 가라: 14년 일편단심 내비게이션

록앤올을 창업한 박종환, 김원태 대표와 신명진 부사장의 인연은 반세기를 거슬러 올라간다. 박종환, 김원태 대표는 동아대학교 컴퓨터공학과 91학번 동기이고, 신명진 부사장은 김 대표가 대학원생이었을 당시 같은 연구실의 후배였다. 세 사람은 대학을 졸업하고

KTIT(한국통신정보기술)에서 일하며 내비게이션과의 인연도 쌓아갔다. KT연구개발원의 사내벤처 중 하나였던 KTIT는 지리정보 서비스 개발을 담당했는데, 여기서 세 사람은 자연스럽게 내비게이션의 초기 발전 과정을 직접 지켜봤다.

김원태, 박종환, 신명진을 비롯한 KTIT의 개발자 일부는 2000년에 KTIT를 나와 포인트아이라는 회사를 설립했다. 포인트아이는 국내 최초로 위치기반 정보를 이용한 소프트웨어를 만드는 이동통신사 협력사였다. 현 올레 맵의 전신인 KT 쇼맵이나 부모에게 자녀의 위치를 알려주는 아이서치 같은 위치기반 서비스들을 만들어 꽤 성공적인 결과를 거두었다. 세 명은 포인트아이를 2006년에 상장시켰고 그로부터 3년 뒤엔 회사를 매각한 뒤 또 다른 시작을 준비했다.

이들이 계속해서 내비게이션 분야에 도전할 수 있었던 원동력은 바로 자부심이었다. KTIT, 포인트아이라는 두 회사를 그만두면서 겪었던 두 번의 인생의 전환점에서 이들은 '앞으로 10년 동안 나는 어떤 일을 해야 할까?'라는 질문을 자신에게 던졌다. 고민 끝에 내린 답은 '내가 가장 잘하는 것'이었다. 세 명의 록앤올 공동창업자들은 유행이 변하고 세상이 바뀌어도 가장 경쟁력 있는 것은 '내가 가장 잘하는 것'이라 믿는다.

새로운 기회와 돌파

포인트아이를 매각한 뒤 세 사람이 2010년 5월에 다시 차린 회사가 록앤올이다. 그보다 약 반 년 전인 2009년 11월에는 애플의 아이폰이 처음으로 한국에 들어왔다. 이들은 아이폰의 도입이 내비게이션을 혁신할 수 있는 절호의 기회라고 생각했다.

10년이 넘는 시간 동안 내비게이션을 개발해오면서 이들이 가장 아쉽게 느꼈던 것 중 하나는 GPS 정보를 이동통신사가 독점하고 있다는 점이었다. 이동성이 자유로운 모바일 기기의 등장과 함께 위치기반 서비스가 킬러 어플리케이션으로 주목받아왔는데, 그간 GPS 정보는 이동통신사가 독점하고 있었기에 이통사 외의 모바일 내비게이션 제작사가 있을 수 없었다. 하지만 기기 내에 GPS가 장착되어 있는 아이폰의 등장을 계기로 이동통신사의 정보 독점 문제가 해소되면서 모바일의 패러다임이 이동통신사에서 단말기 중심으로 변하기 시작했다. 이동통신사에 의지하지 않고도 자체적으로 내비게이션을 만들 수 있게 된 것이다.

록앤올 설립 당시에는 포스퀘어Foursquare 같은 위치기반 SNS가 한창 유행 중이었다. 하지만 록앤올 창업자들은 트렌드를 따라가기보다는 그동안 갈고닦은 기술과 노하우를 모두 '김기사'에 쏟아붓겠다는 각오로 SK텔레콤, KT 등 이동통신사들의 내비게이션과 경쟁하는 길을 택했다.

당시 국내의 차량용 내비게이션 시장은 2009년을 기점으로 침체된 상태였는데, 가장 큰 원인은 스마트폰의 확산이었다. 스마트폰의 GPS 기능 덕분에 모바일 지도는 차량용 내비게이션 못지않게 정확해졌고, 2015년에는 전체 내비게이션 중 80% 이상을 스마트폰 내비게이션이 대체할 것이라는 전망도 있었다. 이어 스마트폰 내비게이션 시장은 통신사 사업자 위주로 재편되기 시작했다. 요금제 가입 고객에게 무료로 내비게이션을 제공하는 형태였다. 록앤올은 이렇게 강한 경쟁자가 있는 시장에 도전장을 던진 것이다.

기존에는 볼 수 없었던 전혀 새로운 형태의 내비게이션을 만들겠다고 결심한 이들은 국내의 모든 내비게이션과 해외의 내비게이션까지 분석했다. 300개가 넘는 내비게이션들은 우습게도 거의 동일한 인터페이스와 기능들을 가지고 있었다. 독점적인 시장이다 보니 개선이 쉽게 일어나지 않았고, 두세 개의 주도적인 내비게이션 유형을 거의 복사하듯 따라 했던 것이다. 또한 서비스 측면에서의 진지한 고민은 보이지 않았고 단지 프로그래머들이 코딩해서 만들어놓은 수준의 것들이 대부분이었다. 스마트폰의 내비게이션 앱도 크게 다르지 않아서, 인터페이스와 기능 면에서 차량용 내비게이션과 별

내비게이션들의 천편일률적인 인터페이스

국민내비 김기사의 HUD 화면 모습

차이가 없었다. 이런 내비게이션들은 '서비스'라기보다는 하나의 소프트웨어일 뿐이었다.

록앤올은 이용자들의 편의를 고려한 '서비스'이면서도 스마트폰만의 특성들을 십분 활용한 내비게이션을 만들어야 한다고 생각했다. 트위터 멘션으로 자신의 위치나 목적지를 친구에게 보내는 기능, 스마트폰 사진에 있는 GPS 정보를 이용해서 사진이 찍힌 위치를 검색하는 사진 검색 기능, 차창에 간단한 안내 내용을 비춰주는 HUDHead Up Display, 스마트폰 카메라를 이용한 블랙박스 기능 등 2010년 당시에는 굉장히 파격적이었던 기능들이 '김기사'에 추가되었다. 기존 개발자들과는 다른 새로운 시각을 이들이 가진 덕분이었다.

진짜로 스마트한 내비게이션: 벌집 UI와 크라우드 소싱

이런 부가 기능들이 빛을 발하게 하려면 무엇보다 길을 찾고 안내하는, 내비게이션의 기본 기능부터 잘 갖추고 있어야 했다. 그리고 이 기본 서비스야말로 록앤올이 가장 자신 있는 분야였다.

'김기사'에서 가장 눈에 띄는 것은 육각형 모양의 인터페이스다. 사용자가 저장하거나 이전에 검색했던 장소 정보가 인터넷 검색 결과처럼 한 줄로 나열되는 일반 내비게이션과 달리, '김기사'에서는 육각형 모양으로 지도처럼 저장된다. 마치 벌집 내부의 모양처럼 하나의 육각형 안에는 한 장소가 입력되고 각 육각형들은 방향과 거리, 방문 빈도를 고려해서 저장되는 것이다. '김기사'의 첫 화면에서는 사용자가 그간 저장한 장소와 방문했던 곳들이 사용자의 현재 위치를 중심으로 표시된다. 실제 지도를 보는 것처럼 거리와 방향을 가늠할 수 있음은 물론 방문 빈도도 차별

'국민내비 김기사'의 벌집 UI

적으로 표시되기 때문에 도착지와 출발지를 선택하는 과정이 매우 직관적이다. '벌집 UI'로 불리는 이러한 인터페이스는 육각형이 제한된 공간에서 가장 효율적으로 정보를 표현하는 방법이라는 점에 착안하여 개발된 것으로, 스마트폰의 터치 인터페이스에 매우 적합한 형태라 할 수 있다.

'김기사' 사용자들의 대부분은 '김기사'의 장점으로 교통정보의 신속한 반영을 꼽는다. 대개의 내비게이션은 교통정보를 도시교통정보 시스템UTIS, Urban Traffic Information System과 콜택시에 부착된 GPS를 통해 수집된 정보를 기반으로 실시간 최적 경로를 제공하는 반면 록앤올은 '김기사' 유저들이 제공하는 실시간 데이터를 반영한 교통 정보를 제공한다. 즉, '김기사'를 켜놓고 운전을 하면 그

'국민내비 김기사'의 주행화면

차의 경로와 주행 속도 등의 정보를 중앙 서버에서 수집 및 분석해서 다른 운전자들에게도 실시간으로 제공하는 것이다. 이는 스마트폰 자체를 GPS 수신기이자 발신기로 사용할 수 있다는 스마트폰 내비게이션의 장점을 활용하기에 가능한 일이다.

유저들이 다른 유저들에게 혜택을 줌과 동시에 받기도 하는 이런 크라우드 소싱crowd sourcing 개념을 도입한 덕분에 '김기사'는 더 정확하고 신속한 교통정보를 제공한다. '김기사'를 통해 수집되는 교통 정보의 양은 한 시간에 전국의 90%를 커버할 정도이고, 이렇게 모인 정보를 최대 5분마다 갱신하면서 실시간 지도에 반영한다. '김기사' 사용자 수보다 상대적으로 적은 수의 콜택시에 부착된 기기를 통해 교통 정보를 수집하는 여타 내비게이션들과 비교하면 정보의 정확성과 커버리지 면에서 꽤나 차이가 있을 수밖에 없다.

온라인과 오프라인의 연결고리

록앤올은 '김기사'를 통해서 온라인과 오프라인을 연결하고자 한다. 최근에는 단순히 온라인상에서의 활동에 그칠 뿐 실제 오프라인 생활에는 영향을 미치지 못한다고 비판받는 서비스들이 많다. 페이스북의 광고가 실제 구매로 얼마나 이어지는지 확인할 길도 없고, '좋아요'의 수가 오프라인에서의 성공을 가늠하는 척도라 할 수도 없다. 하지만 내비게이션은 서비스 자체가 온라인과 오프라인을 잇는 성격을 가지고 있다. 내비게이션 이용자들은 도착지에서 무언가의 활동을 할 목적을 가지고 있기 때문이다. 실제로 '김기사' 사용자들이 가장 많이 찾는 목적지는 파주 프리미엄 아울렛과 여주 프리미엄 아울렛이다. 이런 특징이 있기에 내비게이션은 오프라인의 서비스를 연계해 운전자에게 제공하는 플랫폼이 될 수 있다.

현재 김기사는 주차장 공유 서비스 '모두의 주차장', 한옥스테이 '코자자Kozaza'는 물론 캠핑('올댓캠핑')이나 펜션('나는 펜션이다') 관련업체들과도 제휴하여 유저들에게 정보를 제공하고 있다. 또한 어느 앱이든 '김기사로 길안내'를 수행할 수 있도록 '김기사 API'를 오픈해서 각종 택시 콜 서비스나 여행 정보 서비스에서 더 많은 지역 정보를 전달할 수 있는 플랫폼으로 자리매김하였다.

전에 없던 혁신적인 기술을 도입한 '김기사'를 스마트폰 내비게이션 시장에 내놓자 소비자들의 반응은 폭발적이었다. '김기사'를 애플 앱스토어에서만 유료로 판매했을 때도 한 달에 1,000만 원 이상의 금액이 정산되곤 했다. 이용자들의 이러한 호응은 이전의 스마트폰 내비게이션들이 정말로 스마트하지 않았었다는 사실을 반증하는 것이기도 하다.

사용자의 위치를 파악하여 관련 정보를 제공하는 서비스를 위치 기반 서비스LBS, Location Based Service라고 하는데, 내비게이션은 LBS의 가장 대표적인 예에 해당한다. LBS는 휴대전화가 가진 이동성이라는 특징과 가장 잘 어울리는 분야이기 때문에 휴대폰이 처음 보급되던 때부터 새로운 부가가치를 생산해낼 차세대 킬러 애플리케이션으로 관심을 받아왔다. 하지만 LBS에 대한 긍정적인 전망은 지금 많이 퇴색되어 있는 것이 현실이다. 혹자는 아직 LBS의 가능성이 꽃피지 않았다 하고, 혹자는 이전의 장밋빛 전망이 잘못된 것은 아니었을까 의심하기도 한다. 그러나 어쩌면 LBS의 근원적 성격, 즉 온·오프라인의 연결에 대한 연구가 부족했던 결과가 지금의 상황으로 이어진 것은 아닌지 되돌아볼 필요가 있다. LBS의 진정한 가치는 개인의 실제 생활과 온라인 활동을 연결하는 데 있기 때문이다.

기회는 준비된 자에게 찾아온다

'내가 가장 잘하는 것'을 찾아내 그것을 앞으로 어떻게 활용해야 할지 예측한 뒤 이를 과감하고 우직하게 실행하는 태도는 록앤올의 가장 큰 자산이다. 록앤올은 진실된 서비스를 '좋은 소프트웨어를 바탕으로 사용자들에게 감동을 주는 것'이라고 정의한다. 14년간 위치기반정보라는 분야만을 연구했고 스마트폰이라는 새로운 시대의 흐름을 적극적으로 따랐던 이유도 진실된 서비스를 만들기 위해서였다. 오랜 시간 동안의 노력으로 '내가 가장 잘하는 것'을 쌓고, 여기에 시대의 흐름을 반영해서 미래를 예측하며 작은 확률에 도전해 진실된 서비스를 만들어내는 것. 불가능할 정도로 어려워 보이는 록앤올의 발자취는 '무소의 뿔'처럼 묵묵히 걸어온 시간이 있었기에 가능했다.

② 브이터치 :
사람을 위한 UI는 상상에서 출발한다

VTOUCH
Beyond the Space
브이터치 로고

브이터치Vtouch는 기존의 모션인식 제스처와 다른 방식의, 전 세계적으로 유일한 원거리 터치 인터페이스를 개발 중이다. 이 터치 기술을 응용해 스마트 TV는 물론 더 나아가 조명, 가전 등을 터치로 조작하는 솔루션을 개발하고자 한다. 2012년 설립된 브이터치는 지금까지 이와 관련된 19개의 특허를 보유하고 있다.

사람에게 가까워지고 있는 기술, 인터페이스

1968년 스탠퍼드 연구소Stanford Research Institute의 더글러스 엥겔바트Douglas Engelbart가 '디스플레이 시스템을 위한 x-y 위치 표시기'라는 이름으로 발명했고 당신의 방 안에도 하나쯤 있을 '이것'은 무엇일까? 가장 처음 형태의 '이것'은 캐나다 해군이 1952년에 발명했지만 비밀 프로젝트였기 때문에 특허를 출원하지는 못했다. '이

것'의 발명가인 엥겔바트는 그의 특허가 만료되고 '이것'이 개인용 컴퓨터에서 널리 쓰일 때까지 특허 로열티를 전혀 받지 않았다. 애플이 최초로 대량생산한 '이것'의 생김새는 쥐를 닮았고, '이것'의 감도를 측정하는 단위는 미키 마우스Mickey Mouse에서 비롯된 '미키 mickey'다. '이것'은 아마 지금 당신 옆에 있을지도 모른다. 그렇다. 이것은 '마우스'다.

마우스가 발명되지 않았다면 우리는 지금 어떤 형태로 컴퓨터를 쓰고 있었을까? 마우스가 탄생한 지 40여 년이 되어가는 지금에도 마우스 기술은 여러 형태로 발전하고 있다. 이처럼 기술은 시대적인 흐름에서 독립적이다. 문화는 사람과 함께 생겨나고 사라지지만 기술은 또 한 번의 커다란 혁신이 있을 때까지 생생하게 존재하기 때문이다.

브이터치는 마우스처럼 시대를 초월하는 기술을 만들고자 하는 기술 기반의 스타트업이다. 최근의 스타트업들을 살펴보면 신기술을 개발하기보다는 새로운 형태의 서비스를 만드는 데 집중되어 있다. 트위터, 페이스북을 비롯해 아이디어 하나로 시작한 서비스 스타트업의 폭발적인 성공이 이런 현상의 큰 요인이기도 하지만, 본래

❶, ❷ 초창기 마우스 ❸ 애플이 최초로 대량생산한 마우스

R&D에 많은 비용이 드는 데다 내실 구축에 오랜 시간이 필요한 기술 회사를 창업하기란 쉬운 일이 아니다.

쉽지 않은 창업 이후 브이터치가 지금까지 자금난, 인력난, 국제적인 선점 경쟁 등 기술 스타트업만의 고된 어려움에도 포기하지 않은 이유는 '사람' 때문이다. 근 반세기 전에 발명된 마우스를 지금도 쓰고 있는 것처럼, 먼 미래의 사람이 브이터치의 기술을 이용하는 바로 그 상상의 장면에 힘을 얻으며 도전을 멈추지 않는 것이다.

첨단의 인터페이스

브이터치는 스마트폰을 터치하는 듯한 동작으로 멀리서도 디지털 기기를 제어할 수 있는 '원격 터치 인터페이스'를 개발 중이다. 쇼핑몰을 10여 년간 운영하며 인터페이스에 대한 연구를 계속해온 김석중 대표는 어느 날 문득 '사람에게 가장 익숙한 것은 터치인데, 원거리에서의 터치를 구현할 수는 없을까?'라는 의문이 들었고, 지금의 브이터치는 바로 그 지점에서 출발했다.

김 대표가 고민하는 '가장 사람다운 인터페이스'에 대한 연구는 사실 1970년대부터 있어왔다. 지금은 웨어러블wearable 컴퓨팅으로 유명한 스티브 맨Steve Mann 교수는 당시 '부가 장치 없이 사람의 신체기관과 컴퓨터가 직접적으로 상호작용한다'는 개념의 NUINatural User Interface를 최초로 제시했다. CUIComputer User Interface, GUIGraphic User Interface에 이어 가장 최근에 등장한 NUI 개념은 사람의 본능에 가장 가까운 인터페이스라 할 수 있고, 컴퓨터보다는 사람의 대화 방식에 가까운 기술을 바탕으로 점점 인간의 생활 방식을 닮아가는 방향으로 발전 중이다.

하지만 40년간 이어져온 연구에도 불구하고 스마트 TV에서의 원거리 동작 인식 기술은 여전히 GUI에 속한다. 컴퓨터와 신체가 직접 상호작용하는 NUI와 달리 GUI는 그 사이에 '그래픽'이 매개물로 존재하는 인터페이스다. 스마트 TV에서는 좌표 정보를 전달해줄 리모컨이라는 매개물이 필요하고 화면에는 이에 상응하는 커서가 나타난다. 이런 조작 방식은 스마트 TV의 진짜 '스마트'한 기능을 한 번 사용하기도 버거울 정도로 불편하지만 아직 이를 대체할 만한 수준의 NUI가 개발되지 않은 탓에 궁여지책으로 사용되고 있는 실정이다.

브이터치는 기술 개발에 앞서 스마트 TV 사용자에게 가장 편한 UX는 무엇일지 고민했다. 사용자에게 필요한 것은 화면 속 커서를 움직일 또 다른 리모컨이 아니라 기존의 간단한 리모컨과 상호 보완적이면서도 스마트 TV에 가장 적합한 방식의 무언가였고, 김 대표는 NUI가 이에 대한 정답이라고 생각했다. 리모컨에 의존하는 지금까지의 고전적인 스마트 TV 인터페이스에서 벗어나 3~4m 떨어진 TV를 리모컨 없이도 쉽게 제어할 수 있는 원거리 터치 기술을 개발하는 것이 브이터치의 현재 목표다.

립모션leap motion*, 마이오MYO** 등 유사한 NUI 컨트롤러들 사이에서 브이터치가 경쟁력을 가질 수 있었던 것은 고민의 출발점이 '사람'이었기 때문이다. 스마트 TV 사용자에게 가장 편리한 인터페이스를 만들려다 보니 손짓 방향을 추측하는 새로운 방법을 찾았고, 이전의 NUI 기술들이 보여줬던 인위적인 클릭 방법도 개선할 수 있었던 것이다.

브이터치의 기술 포인트 1. 눈+손끝

브이터치의 소프트웨어가 탑재된 스마트 TV 앞에 서면 TV 위에 달린 3차원 카메라가 그 사람의 손끝과 눈을 찾는다. 두 개의 눈 중 주시主視, main sight를 결정하고 얼마 되지 않는 픽셀의 눈 속에서 더 작은 픽셀의 눈동자를 찾아 그 중심점의 3차원 좌표를 측정한 뒤, 이 좌표를 손끝 좌표와 이어서 그 사람이 어디를 가리키고 있는지 파악한다. 30~40cm 거리 사이의 두 점에서 방향을 찾는 브이터치 고유의 알고리즘은 낮은 해상도에서도 높은 정확도를 구현해 낸다.

이처럼 눈과 손끝을 연결해 방향을 추측해내는 알고리즘은 사람이 뭔가를 터치할 때면 무의식적으로 그 목표물을 보고 있다는 점에서 아이디어를 얻어 만들어졌다. 어떤 사물을 손가락으로 가리킬 때 우리의 눈동자와 손끝, 사물은 항상 일직선상에 놓인다. 바꿔 말해 눈과 손끝의 위치를 인지하면 가리키는 지점을 파악할 수 있는 것이다. 리모컨처럼 방향을 가리키는 컨트롤러가 발달해온 이유는, 우리가 무언가를 멀리서 조작하고자 할 때 그 대상이 정확히

★ 손동작으로 컴퓨터를 작동시키는 동작 컨트롤러. 동명의 실리콘밸리 신생기업이 만들었다.
★★ 캐나다 IT기업 탈믹랩스(Thalmic Labs)에서 개발한, 근육 인식을 이용한 컨트롤러.

어느 방향에 위치하고 있는지 파악하기가 어렵기 때문이다. 하지만 브이터치는 우리 신체의 '눈'이라는 기관을 이용해서 컨트롤러 단계를 생략한다. 손끝을 '눈'과 연결하면 손가락 관절 혹은 어깨와 연결하는 기술들보다 훨씬 더 섬세하게 방향을 알아낼 수 있는데, 이처럼 눈의 중심과 손끝의 좌표를 확실하게 찾아내는 것이 브이터치의 핵심 기술이다.

눈 검출과 손가락 검출 분야에서는 이미 많은 첨단 기술들이 연구되어왔다. 하지만 브이터치는 '원거리에서의 손쉬운 가전기기 제어'라는 목적에 맞는 기술을 집중적으로 연구한다는 점에서 기존의 연구들과 차별성을 가진다. 지시 대상의 위치와 조작을 더욱 중요시하기 때문에 브이터치는 눈 검출과 손가락 검출 기술을 더 정교하게 개발하기보다는 사용자가 가리키는 곳을 도출하고 조작 의도를 파악하는 기술에 초점을 맞추고 있다.

브이터치의 기술 포인트 2. 조작 의도 검출

모션인식 기술에서 가장 뜨거운 쟁점이 되는 것 중 하나는 '어떤 트리거trigger*를 표준으로 삼을 것인가'다. 각각의 기술마다 사용자의 의도를 판별하는 기준도 제각각이라서 선택하고자 하는 대상을 1초 이상 쳐다보는 것, 손가락의 가속도가 비약적으로 높은 것, 엄지와 중지를 부딪치는 것, 가상의 평면을 통과하는 동작 등 트리거

★ 조작 의도를 판단하는 기준 동작.

의 종류도 매우 다양하다. 브이터치는 인위적인 동작이 아니라 스마트폰을 터치하는 것처럼 자연스러운 트리거를 만들고자 했고, 그래서 만들어진 것이 방향 필터다.

예를 들어 사용자가 손을 뻗어 TV를 가리킨다고 가정해보자. 사용자가 한 자리에 서서 손을 뻗을 때 닿을 수 있는 모든 점들을 이으면 눈을 중심으로 하는 가상의 반구면이 생긴다. 브이터치는 이 구면의 좌표계를 가정하고, 그 위에서 일어나는 움직임의 방향을 추적한다. 만약 사용자가 허공에 손을 내밀어서 무언가를 터치하는 것처럼 검지를 움직이면 손끝은 z축상, 즉 앞뒤로 살짝 움직이게 된다. 허공을 터치하는 순간 검지의 끝은 눈에서 가장 먼 거리로 측정되고, 다시 검지가 제자리로 돌아오면 눈과 검지 사이의 거리는 다소 짧아진다. 이 두 점을 이용하면 사용자가 가리키는 방향을 알아낼 수 있다. 이처럼 사용자의 눈을 기준으로 손이 움직이는 방향을 보면 사용자가 무엇을 조작하고자 하는지 알아낼 수 있는데, 이와 더불어 움직임의 이동 속도와 가속도, 이동 변위 등까지 종합적으로 고려하면 높은 정확도로 사용자의 조작 의도를 파악하는 것이 가능하다.

기술 스타트업의 원동력은 상상

스마트 TV나 자동차 제조사들은 브이터치가 개발하고 있는 것과 같은 원격제어 기술 분야에 큰 관심을 보이고 있다. 하지만 이제막 부상하고 있는 시장인 데다 고도의 첨단 기술력을 필요로 하기 때문에 서비스 스타트업과는 다른 나름의 어려움을 가지고 있다.

기술 스타트업을 운영하면서 가장 어려운 것이 무엇인지 물었을 때 김석중 대표는 인재human resource라고 답했다. 브이테크는 영상에서 물체를 추출·추적하는 컴퓨터 비전computer vision 연구 분야에서 최고 수준의 기술을 필요로 하지만 이에 적합한 인재의 절대적인 수도 많지 않을 뿐 아니라, 설사 그런 사람을 찾았다 해도 함께 일하자고 설득하는 것이 쉽지 않았다 한다. 그런 인재의 대부분은 대기업 혹은 국가 산하의 연구소에 소속되어 있거나 박사과정을 밟고 있기 때문에 나이가 적지 않고 가정이 있는 경우도 많기 때문이다. 스타트업을 시도했다 실패해도 아무렇지 않게 '사회경험 한 셈치자'고 할 수 있는 20대가 아닌 것이다. 그래서 초창기의 브이터치는 제대로 된 알고리즘을 만들지도 못한 상태에서 자본이 잠식되는 상황에까지 처해본 적도 있다.

그럼에도 이들이 난관에서 벗어날 수 있었던 건 자신들의 기술을 이용하는 사람들의 모습을 상상할 수 있었기 때문이었다. 자기 집의 거실에서, 영화관에서, 레스토랑에서, 학교에서 브이터치의 기술을 생활의 일부처럼 사용하는 사람들에 대한 상상은 첨단의 기술을 구현하려는 스타트업만이 가질 수 있는 포부를 보여준다. 회사가 자본 잠식되고 팀이 무너지던 당시에 정확도가 낮은 알고리즘으로나마 만들었던 스마트 TV용 프로토타입은 사실 동작 인식률이 좋지 않은 등 완성도가 떨어졌다. 그러나 이를 통해 브이터치가 그리려는 미래상을 보여줄 수 있었기에 새로운 팀원들이 합류했고,

각종 대회에서 우승하거나 투자를 받는 성과도 거둘 수 있었다.

브이터치가 가려는 길에는 앞으로도 많은 어려움들이 있을 것이라 예상된다. 특히 차세대 인터페이스의 자리를 노리는 회사는 세계 각지에서 많아지고 있다. 사실 기술 회사는 자칫 '기술을 위한 기술 개발'로 이어지기 쉽지만, 브이터치의 경우에는 미래에 대한 '상상'이 기술 우선주의에서 벗어나 사람에게 돌아가도록 하는 중력처럼 작용하고 있다. 과연 브이터치처럼 사람의 가장 기본 욕구인 '터치'를 접목한 인터페이스를 개발하는 회사가 몇이나 될까.

③ 에스이웍스 :
해커는 해커가 막는다

엔지니어 중심의 모바일 보안 회사인 에 스이웍스SEWORKS는 2012년에 설립돼 패 스트트랙아시아, 소프트뱅크벤처스, 퀼

에스이웍스 로고

컴벤처스에서 20억 원을 투자받았다. 에스이웍스의 구성원들은 해 커 마인드를 가지고 해커로 살아온 이들이다. 기술을 통해 세상 에 유익한 일을 하고자 하는 이들은 모바일 보안 서비스인 메두사 Medusah를 비롯해 앱시큐어AppSecure, 스미싱가드Smishing Guard, 에 스브러시S-brush 같은 보안 서비스를 개발했다.

해커가 해커를 막는 보안회사

2014년 초, 주요 일간지 1면의 상당수는 보안에 관한 사건사고들 과 관련된 기사들로 장식되었다. 은행, 카드사, 공기업 등등 공격당 한 곳은 다양했지만 가해자는 대부분 해커였다.

매해 해커들의 공격 뉴스가 많아지고 있어서인지, 해커라는 말은 자연스레 범죄를 떠올리게 한다. 초창기의 해킹은 자신의 기술에 기반을 둔 가벼운 장난 정도에 불과했다. 애초에 '해킹hacking'이라는 말도 MIT의 학생들이 기술을 이용해 학교 컴퓨터에 접속하는 식의 장난을 뜻하는 '핵hack'이라는 의미중립적인 단어에서 비롯됐다.

하지만 디지털 정보의 중요성이 점점 높아지면서 이를 이용해 범죄를 저지르는 해커도 증가했다. 그래서 최근에는 범죄를 일삼는 해커를 크래커cracker 혹은 블랙 해커black hacker로, 착한 해커를 화이트 해커white hacker로 일컫기도 한다.

사실 화이트 해커들은 범죄와 거리가 먼, 오히려 보안과 관련된 컴퓨터 전문가라고 할 수 있다. 컴퓨터 프로그램의 취약점을 찾는 활동을 한다는 특성상 해커는 기본적으로 컴퓨터의 운영체제나 동작원리에 능통하다. 때문에 컴퓨터 프로그램의 취약점이 블랙 해커의 손에 들어가면 악용되지만 반대로 화이트 해커는 이 정보를 이용해 프로그램의 보안을 더 강화할 수 있다. 실제로도 미국 국방성과 국가안보국 등에 침투했던 전설적인 해커 케빈 미트닉Kevin Mitnick은 현재 보안 컨설턴트로 일하고 있다.

에스이웍스도 이런 화이트 해커들이 모인 모바일 보안 회사다. 1998년에 설립된 국내의 해커그룹 와우해커wowHACKER의 리더 홍민표 대표와 그 팀원들은 '해커가 해커를 막는' 재미있는 회사를 꾸려가고 있다. 홍 대표는 이전에도 보안회사를 설립한 경험이 있고,

아직도 와우해커는 매년 데프콘DEF CON*에 도전해 본선에 진출하는 등의 성과를 내고 있다. 모바일 보안 분야에 있어서는 글로벌 선도 기업들과 어깨를 견줄 정도의 기술 경쟁력을 가지고 있다고 인정받은 에스이웍스는 소프트뱅크벤처스와 퀄컴벤처스의 투자를 이끌어냈다.

사실 에스이웍스는 국내에서 모바일 보안 이슈가 이렇게 크게 일어나기 전부터 모바일 보안에 주목했다. 이들은 그간의 PC 보안 경력을 바탕으로 스마트폰도 PC 해킹과 비슷한 수법으로 공격당할 수 있다고 예상했다. 모바일 보안이라는 분야가 제대로 정립되기도 전에 과감하게 도전할 수 있었던 것은 그간의 경험과 능력에 자신이 있었기 때문이다. 스마트폰이 본격적으로 대중화되기 전인 2008년, 홍민표 대표는 스마트폰 보안을 전문으로 하는 '쉬프트웍스Shiftworks'를 창업했다. PC를 비롯해 전반적인 보안에 대해 줄곧 연구해온 그는 보안의 이슈가 곧 모바일로 옮겨갈 것이라 예측할 수 있었고, PC 보안에서의 경험을 바탕 삼아 모바일에서 해커들이 보일 공격 방식도 예상 가능했다.

그가 쉬프트웍스를 매각하고 다시 에스이웍스를 시작한 이유는 '앱 보안'에 있었다. 2008년에 쉬프트웍스가 스마트폰 보안을 비교적 빠르게 시작했던 것처럼, 2012년 역시 앱 보안이라는 분야가 확고히 자리 잡기 전이었다. 하지만 그는 안드로이드 OS의 점유율이

★   세계 최대의 해킹 대회이자 보안 컨퍼런스.

높아지고 앱 시장이 점점 활발해지는 것을 보고 앱 보안에 대한 수요가 생길 것을 예측했다.

에스이웍스는 해커 커뮤니티를 통해 국내외의 해킹 트렌드에 대해 누구보다 빠르게 접할 수 있었다. 수십, 수백 명의 직원 중 단 몇 명만이 해커인 다른 보안 기업에 비해 해커들의 공격에 대한 에스이웍스의 이해가 더욱 깊은 것은 당연했다. 그 덕분에 이들은 남들보다 한 발 먼저 모바일의 특성에 맞는 보안 기술들을 개발하기 시작했다.

기술 스타트업은 변화의 선도에서 주도해야 한다

홍민표 대표는 '트렌드를 따라가려 하지 말고 변화의 선도에 서서 주도해야 한다'라고 강조한다. 그래서 PC에서 모바일로 해커들의 공격이 전이되어가는 것을 발견하자마자 모바일 보안 기술을 개발하기 시작했다. 아직 '모바일 보안'이라는 시장이 형성되어 있지도 않은 때였지만 PC에서 있었던 보안 문제는 모바일에서도 있을 수밖에 없다는 믿음이 그에게는 있었다.

에스이웍스의 가장 큰 자산은 보안 분야에서 쌓은 수년간의 경험이다. 마치 사과와 배가 서로 다른 과일이지만 먹는 방법은 비슷한 것처럼, PC와 모바일 보안도 서로 많은 부분이 닮아 있다. 에스이웍스의 대표 제품인 메두사도 PC 보안에서의 경험을 주축으로 만들어졌다. PC 소프트웨어 보안 기술 중에는 패킹packing이라는 것이 있다. 택배를 보낼 때 물건을 상자에 싸는 것처럼 소프트웨어의 정보를 보호하기 위해 일종의 포장을 하는 것이다. 소프트웨어를 공격하려는 해커들은 언패킹unpacking하려 하고 막는 쪽은 패킹 기술을 계속해서 발전시켜나간다. 에스이웍스는 PC에 패커packer가 있어야 했던 것처럼 안드로이드에서도 곧 패커가 필요해질 것이라 생각했다.

안드로이드 운영체제는 자바Java*라는 오픈소스**크로스플랫폼 언어로 만들어졌다. 다시 말해 자바로 만들어진 소프트웨어의 정보는 누구나 쉽게 볼 수 있으며, 이 소프트웨어는 다른 프로그래밍 언어로 작성된 소프트웨어와 달리 어느 플랫폼에서나 동일하게 실행된다('Wirte once, run anywhere'***). 자바 언어의 이러한 특성상 안드로이드는 태생적으로 보안에 취약하다.

자바를 이용해서 소프트웨어를 만들려면 먼저 자바 언어로 소스코드를 작성해야 한다. 소스코드는 프로그래밍 언어로 사람이 작성한 텍스트인데, 자바 언어를 이용하는 경우에는 프로그래머가 자바만의 법칙으로 소스코드를 작성한다. 이렇게 작성된 소스코드는 컴퓨터만 읽을 수 있는 기계어와 소스코드의 중간단계인 바이트코드bytecode로 변환된다. 이 바이트코드는 자바 가상 머신, 즉 JVMJava Virtual Machine을 통해 실행되는데, JVM은 바이트코드를

★ 썬 마이크로시스템즈(Sun microsystems)에서 개발해 무료로 배포하는 프로그래밍 언어로, 현재 웹/모바일 어플리케이션 개발에 가장 많이 사용되는 언어 중 하나. 2009년에 썬 마이크로시스템즈가 오라클(Oracle)에 인수합병되면서 자바에 대한 권리와 책임은 오라클로 넘어갔다.
★★ 소스코드를 누구나 열람하고 이용할 수 있도록 공개한 소프소프트웨어 또는 하드웨어.
★★★ 자바의 크로스플랫폼에 의한 이익을 표현하기 위해 썬 마이크로시스템즈가 만든 표어.

프로그래밍 언어	소스코드 단계	바이너리 단계
자바	자바 소스파일 → 바이트코드 → JVM → OS에 맞는 기계어	
일반 프로그래밍 언어	OS에 맞는 소스파일 → OS에 맞는 기계어	

자바와 일반 프로그래밍 언어의 컴파일링 과정 비교

운영체제나 CPU의 종류에 맞는 기계어로 번역한다. 즉, 자바로 작성된 프로그램은 자바가 설치되어 있는 컴퓨터라면 별도의 변환 과정 없이 윈도우, 맥, 리눅스 등 운영체제에 상관없이 실행된다. 이렇듯 기기와 운영체제를 가리지 않기 때문에 다른 어떤 언어들보다 사용자가 많아서 해커들의 표적이 되기 쉽다. 또 바이트코드는 JVM이 해독하기 때문에 다른 프로그래밍 언어로 쓰인 기계어보다 덜 난해하고, 때문에 상대적으로 바이트코드를 소스코드로 복구하는 것이 쉽다.*

제대로 된 앱 난독화 도구가 필요한 지금

안드로이드는 자유로운 만큼 보안에 약하다. 그렇기 때문에 앱에 별도의 보호장치를 해두는 것은 이제 필수 사항이 되어가고 있다. 2013년 초에 인기를 끌었던 국내의 모바일 게임 '아이러브커피'는

★ 세계적인 정보보안 회사 세이프넷(SafeNet)은 'Overcoming Java Vulnerabilities to Code Manipulation, Reverse Engineering and Theft'라는 제목의 자사 보고서에서 자바가 오픈소스로서 가지는 약점으로 크게 세 가지를 꼽았다. 1)JVM은 오픈소스다. 2) 자바의 바이트코드는 공학적 지식이 있는 사람이라면 쉽게 수정/변형할 수 있다. 3)JVM 은 하드웨어가 아닌 소프트웨어다.

한국의 '아이러브커피'(좌), 중국이 카피한 '커피러버'(우). 차이를 거의 알아볼 수 없다.

앱의 소스코드가 해킹돼 중국의 안드로이드마켓에서 '커피러버'라는 이름의 불법복제 게임으로 출시되기도 했다.

이뿐만 아니라 주기억장치인 램RAM에 저장된 아이디, 비밀번호, 인증서 암호, 계좌번호 등의 데이터를 훔치거나, 앱의 결제모듈을 해킹해 중간에서 수익을 가로채는 등 해커들의 해킹 수법은 점점 고도화되고 있다. 에스이웍스도 이러한 해킹의 위험으로부터 자사의 맵을 보호하기 위해 보안 프로그램을 설계했는데, 이 프로그램이 지금의 메두사로 발전한 것이다.

소프트웨어의 정보를 사람이나 분석도구가 읽기 어렵게 만드는 것을 난독화obfuscstion라고 하는데, 이는 크게 소스코드 단계의 난독화와 바이너리 단계의 난독화로 나뉜다. 시중에서 가장 많이 사용되는 난독화 도구는 프로가드ProGuard로, 무료로 배포되는 데다 코드 사이즈를 줄여준다는 장점이 있어 많은 앱 개발자들이 사용하고 있다. 하지만 단순히 변수명이나 함수명을 a, b, c와 같은 문자로 치환하는 정도의 수준에 머무르기 때문에 수준 높은 난독화 도구라고 하기에는 다소 부족한 점이 있다. 즉, x+y+10=15와

x-y+2=3이라는 식이 있으면 x=3, y=2라는 답을 구할 수 있는 것처럼, 프로가드를 이용해 난독화된 소스코드는 비교적 쉽게 정보가 파악될 수 있다.

에스이웍스의 모바일 앱보안 서비스인 메두사는 단순히 소스코드의 문자열을 흩뜨리는 데 그치지 않고 한 발 더 나아가 바이너리 단계의 바이트코드까지 난독화시킨다. 에스이웍스는 바이너리 단계의 난독화 기술을 국내 최초로 구현해냈다. 세계적으로는 수십 년간 정보보안 시장을 이끌어온 글로벌 기업들만이 이 기술을 이용한 보안제품을 판매하고 있는데, 에스이웍스는 그들에 비해 비교적 저렴한 가격으로 서비스를 제공하고 사용자 편의성을 고려하는 등 스타트업만이 가질 수 있는 장점을 발휘해 차별화하려 한다.

가장 뛰어난 보안전문가, 해커

앞서 언급했듯 에스이웍스는 와우해커라는 해커 커뮤니티를 바탕으로 만들어졌다. 홈페이지wowhacker.com를 중심으로 아직도 활발히 활동 중인 와우해커 멤버들은 새로운 해킹 기법을 공유하고 보안 기술을 연구하는 세미나를 열거나 해킹과 보안 기술에 대한 책을 쓰기도 한다. 이 과정에서 자연스럽게 모바일 보안 시장의 트렌드를 누구보다 먼저 접하게 되는데, 그 결과로 만들어진 서비스가 스미싱가드Smishing Guard와 에스브러시s-brush다.

일명 '스미싱'이라 불리는 문자메시지 피싱SMS phising은 문자를 통해서 휴대폰 소액결제를 유도하거나 개인정보를 입력하게 하는 신종 모바일 해킹 기법이다. 2013년 5월에 출시된 스미싱가드는 사내 해커톤*을 통해 만들어졌다. 함께 보안 트렌드에 대해 이야기하다가 스미싱이 늘어나고 있다는 것을 알게 된 와우해커의 팀원들은 스미싱 피해를 막을 수 있는 보안 앱이 있으면 좋겠다는 데 생각이 미쳤고, 하룻밤 새 스미싱가드를 만들어냈다.

에스브러시 역시 사내 해커톤을 통해 만들었다. 일반적인 스마트폰 사용자들은 새로운 기기로 교체할 때면 이전에 쓰던 폰을 초기화한 뒤 버린다. 하지만 사실 복구 프로그램을 이용하면 동영상, 사진, 심지어는 모바일 공인인증서의 복원까지도 가능한데, 에스브러시는 스마트폰에서 정보를 완전히 삭제함으로써 이런 복구를 원천적으로 불가능하게 하는 앱이다.

스미싱가드와 에스브러시는 해커가 아니었다면 만들지 못했을 서비스다. 지금은 스미싱을 감지하는 앱 수십 개가 안드로이드 마켓에 등록되어 있지만 그중 대부분은 스미싱 피해가 급증한 뒤에 만들어졌다. 일례로 안랩AhnLab의 스미싱 방지 앱 '안전한 문자'도 스미싱가드보다 5개월 늦은 2013년 10월에 출시됐다. '스마트폰의 정보는 삭제되어도 복구가 가능하고 범죄에 이용될 수 있다'는 것도 해커만이 할 수 있는 생각이다. 에스이웍스의 스미싱가드와 에스브러시, 이 두 앱은 해커들이 공익적인 역할을 해야 한다는 생각

★　해킹(hacking)'과 '마라톤(marathon)'의 합성어로, 하루나 이틀 같은 특정한 시간 동안 컴퓨터 프로그래머와 디자이너 등이 모여서 마라톤을 하듯 집중도 있게 소프트웨어를 만들어내는 것을 뜻함.

에 무료로 배포되고 있다.

아직 PC처럼 고도화되지 않은 모바일 보안 시장이지만, 모바일 기기가 PC보다 더 많이 사용되고 있는 추세에 따라 PC 수준의 보안기술이 곧 필요해질 것이고, PC와 모바일의 보안 기술은 서로 다를지라도 보안의 큰 흐름은 비슷할 것이다. 완전한 보호가 없는 보안 시장에서 중요한 것은 '공격을 막는 사람이 해커들의 공격을 얼마나 잘 이해하고 있는가'다. 해커의 움직임을 예측할 수 있어야 제로데이 공격*을 막을 수 있기 때문이다. 공대 졸업생이 엔지니어가 되는 대형 보안회사와 달리 에스이웍스의 엔지니어들은 모두 해커 출신이다. 20년 넘게 해커로 활동한 홍 대표를 비롯하여 수년간 해커들의 공격 수법을 봐온 베테랑 해커들인 에스이웍스의 엔지니어들은 그런 면에서 보안 시장에서 성공하는 데 반드시 필요한 핵심 기술과 능력을 이미 갖추고 있다고 해도 과언이 아니다.

만국공통어: 기술로 말하는 회사

에스이웍스는 처음부터 해외시장 진출을 목표로 했다. 때문에 국내가 아닌 실리콘밸리에 본사를 두었다. 하지만 미국, 호주, 스웨덴 국적의 직원들이 새롭게 합류하기 전에는 직원 중 외국인은커녕 해외 거주 경험자나 영어 능통자도 없었다. '직원 대부분이 토종 한국인인데 해외 진출이 어렵지 않았냐'라는 질문에 이들은 '언어 대

★   보안 취약점이 발견되었을 때 그 문제의 존재 자체가 널리 공표되기도 전에 해당 취약점을 악용하여 이루어지는 보안 공격. 공격의 신속성을 의미.

신 기술이 얘기한다'라고 답했다. 기술이 뛰어나다면 구구절절 말로 설명하지 않아도 누구나 그것을 알아본다는 의미였다. 그리고 그들의 말처럼 해외에서도 에스이웍스의 모바일 보안 기술력은 이미 인정받고 있다. 오랜 경험을 바탕으로 하는 내공이 그 기술력의 바탕에 있기 때문일 것이다.

과거의 PC 보안 기술과 현재의 모바일 보안 기술은 전혀 무관한 관계가 아니다. 에스이웍스는 오히려 PC 보안 기술을 바탕으로 모바일에서의 해킹 양상을 예측하고 미리 대비할 수 있었다. 천 리 길도 한 걸음부터라고, 아무리 험하고 먼 길이어도 한 걸음씩 옮기다 보면 걸어갈 수 있기 마련이다. 스타트업, 그중에서도 해커들이 모여 만든 보안 회사라고 하니 뭔가 대단한 아이디어나 기술로 시작했을 것이라 생각할 수도 있지만, 그저 컴퓨터를 너무나 좋아하는 소위 '오타쿠'들이 모여 컴퓨터에 대해 얘기하면서 놀았던 것이 에스이웍스의 시작이었다. 단순한 놀이에서 PC 보안으로, 그리고 모바일 보안으로 나아가는 데는 거창한 시작이 아니라 수만 시간의 '걸음'이 있었다.

이제 에스이웍스는 세계적인 대형 보안 기업들과 어깨를 견주는, 모바일 보안의 선두주자다. 앞으로도 모바일 보안의 다음 트렌드를 제시하며 '변화의 선도에 서서 주도'하는 에스이웍스를 기대해본다.

기술 혁신의 파괴성

파괴적 혁신disruptive innovation이란 단어가 요 근래 심심치 않게 눈에 띈다. 이는 우선 참신한 방법으로 상품의 질을 격상시키거나 비용을 획기적으로 줄여 시장의 밑바닥을 공략한 뒤 시장 전체를 빠르게 장악하는 방식의 혁신을 말한다. 이러한 파괴적 혁신으로 만들어진 상품은 초반에는 시장을 이미 지배하고 있는 기존 기업을 위협하기는커녕 그와 비슷한 품질을 보여주지도 못한다. 하지만 매우 빠른 속도로 상품을 개선해나가기 때문에 특징 임계짐을 지나면 기존의 강자를 쓰러뜨리고 시장의 모멘텀을 뒤흔들 만큼의 힘을 가지게 된다. 이 시점에서 경쟁 기업들은 파괴적 혁신의 주인공인 작은 스타트업 때문에 자신들의 기업 전략을 재정의할 수밖에 없다.

기술 기반 스타트업의 혁신은 다른 분야들에 비해 더 파괴적인 모습으로 나타난다. 스마트폰이나 태블릿 같은 기기나 블루투스,

NFC Near Field Communication 등의 기술들이 우리 삶의 거의 모든 부분을 바꿔놓은 것처럼, 혁신적인 기술은 그 기술이 나타나기 전의 우리 생활이 어땠는지 기억하지도 못하게 할 정도로 강력하다. 이 책이 기술 스타트업들만을 3장에 따로 모아 이야기한 것도 기술 혁신의 파괴적인 잠재력을 가늠해보기 위해서다.

물론 대부분의 스타트업들이 기술을 이용해서 각자 나름의 혁신적인 상품을 만들어낸다. 그런데 그중에서도 고도의 전문 지식을 필요로 하는 첨단 기술 개발에 매진 중인 스타트업들을 보면 창업자들의 헌신과 그 기술이 가져올 실현 가능한 미래에 매료될 수밖에 없다.

왜 스타트업에서 기술 혁신을 얘기하는가?

거대한 기업에서 혁신을 찾아보는 것은 사실 점점 어려워지고 있다. 기업 규모가 커지면 의사결정 또한 어려워지고 느려지는 데다 수많은 사용자들을 베타 테스터로 삼는 위험을 감수하기가 쉽지 않다. 기업의 생존에 있어 끊임없는 혁신이 필수적인 요즘, 거대 기업들이 하나둘씩 줄지어 무덤으로 들어가고 있는 이유는 바로 이런 딜레마에서 벗어나기 어렵기 때문이다. 그래서 여타 기업들은 물론 페이스북이나 오라클 Oracle 같은 '혁신' 기업들까지도 택하는 전략이 인수합병이다.

혁신은 기업 안팎에서 찾을 수도 있지만, 기업 안에서 혁신을 키워내는 것은 앞서 말한 거대 기업의 딜레마 때문에 힘들다. 반면 넘치는 현금으로 '그다음의 무언가the Next Big Thing'을 사들이는 것은 쉽다. 지난 10여 년간 가장 혁신적인 기업으로 평가받았던 업체라 해도 이제는 다른 사람의 독창성을 사는 것에 의존하고 있다. 다시 말해, 작은 규모의 스타트업들이 세계를 이끌어나갈 기술 혁신의 원천이 되어가고 있는 것이다. 실제로 최근 기술 기반의 기업들을 규모별로 나눠 보면 큰 기업일수록 위험한 도전을 기피하고 변화 없이 정적인 상태를 유지하는 비율이 높다. 반대로 작은 기업들, 즉 스타트업들은 역동적으로 새로운 것들을 만들어내고 있다.

이는 스타트업이라는 조직 형태의 의미가 본질적으로 위험을 무릅쓰는 것과 맞닿아 있기 때문이다. 스타트업이 가지는 특징 중 하나가 도전 정신이다. 하염없이 무모해 보이기만 하는 도전 과제의 이면에 있는 가능성을 보는 것이 이들의 능력이다. 스쳐가듯 봤던 사람들에겐 사소한 틈이었던 것이 이들의 눈에는 거대한 동굴로 통하는 입구가 된다. 그렇기에 이들의 움직임은 종종 부싯돌이 불꽃을 일으키는 것처럼 커다란 사회적 반향을 불러오기도 한다.

기술과 사회문화의 관계

기술 개발에 집중한다는 특성상 기술 스타트업들은 자칫 기술 그 자체에 지나치게 매달리는 모습을 보이기도 한다. 하지만 기술 혁신의 파괴성은 단순히 기술이 진보된다고 나타나는 것이 아니다. 록앤올이 계속해서 차량용 내비게이션을 개발했다면 '김기사' 같은 혁신적인 제품을 만들 수 있었을까? 에스이웍스도 보안 기술을 고도화하는 것만으로는 세상에 나오질 못했을 모바일 보안 서비스들을 만들고 있다. 이처럼 기술 개발과 더불어 사회문화적으로 새로운 의미를 창출해내야만 우리가 전형적으로 생각하는 성공적인 '기술 혁신'이 될 수 있다.

기술은 여러 형태로 발전한다. 시장의 니즈를 파악한 뒤에 행해지는 '뒤따라가는' 모습의 기술 발전이 있는가 하면 아무도 미처 생각지 못한 기술이 탄생해서 발전하는 경우도 있고, 또 기존에 존재했던 기술이 새로운 역할을 부여받아 다시 태어나기도 한다. 그중 앞의 두 가지 형태의 기술 발전은 단순히 '기술'의 발전일 뿐이다. 다시 말해 기술만 더 좋아졌을 뿐 새로운 수요를 만들어내는 등의 사회적 변화를 이끌어내지 못한다. 그와 달리 기술이 사람들에게 어떤 의미를 가질 수 있을지 질문을 던지고 그에 대한 고민의 결과로 새로운 역할을 찾아내는 형태의 기술 발전은 사회문화적인 움직임까지 만들어낸다.

『디자인 이노베이션Design-Driven Innovation』의 저자인 로베르토 베르간티Roberto Verganti는 이러한 형태의 기술 발전을 '기술 에피파니technology epiphany'라 일컫는다. 불현듯 어떤 일상적인 사물의 본질을 새롭게 깨닫는 순간을 의미하는 '에피파니'의 그리스어 어원은 '귀한 것이 나타난다'는 뜻을 가진다. 종교적·문학적으로 주로 쓰이는 이 용어는 '테크놀로지technology'와 만나면서 '기술의 본질을 새롭게 인식하는 것'을 의미하게 됐다.

하나의 기술이 가진 다양한 의미들은 마치 휴화산처럼 잠시 잠자고 있는 상태와 같다. 언젠가는 누군가가 그 의미들을 깨워낼 것이다. 그중에서도 가장 강력한 의미를 끄집어내면 그것이 곧 '기술 에피파니'가 되고, 이를 달성한 기업은 시장의 리더가 된다. 로베르토와 애플의 전 부사장이자 인지과학계의 구루guru인 도널드 A. 노먼Donald A. Norman이 2014년 겨울 MIT프레스MIT Press의 「디자인이슈DesignIssues」에 기고한 글 '점진혁신과 급진혁신: 디자인 리서치 vs. 의미 변화Incremental and Radical Innovation: Design Research vs. Technology and Meaning Change'에는 '기술 에피파니'와 여타 기술 발전의 차이가 잘 설명되어 있다.

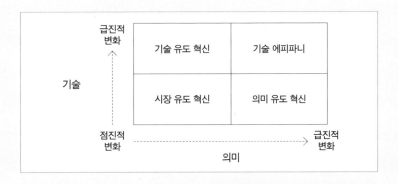

- 시장 유도 혁신: 시장의 명백한 요구에 따라 기술과 그 의미가 발전하는 것이 시장 유도 혁신이다. 수요가 눈으로 확인된 후에야 혁신이 일어나기 때문에 급진적인 변화가 있을 수 없다. 조금씩의 변화가 누적되어 혁신이 된다.
- 기술 유도 혁신: 이는 기술이 급진적으로 발전해서 일어나는 혁신이

다. 의미의 변화 없이 기술이 발전했기 때문에 기술이 가진 역할은 그대로 유지된다. 흑백 TV에서 컬러 TV로 발전한 것이나, 스마트폰의 카메라 화소가 높아지는 것들이 이 유형에 속한다.

- 의미 유도 혁신: 이 혁신은 사회문화적으로 나타나는 미세한 변화들을 포착해내는 것에서부터 시작된다. 1960~1970년대에 저항과 혁명을 상징했던 체 게바라Che Guevara가 지금은 패션 아이콘으로 쓰이는가 하면, 약용으로 개발됐던 탄산음료가 지금은 청량음료로 발전했다. 이러한 변화가 의미 유도 혁신이다.

위의 세 가지 혁신과 달리 기술 에피파니는 의미적은 물론 기술적으로도 급진적인 변화가 있을 때 일어난다. 이는 앞서 존재하고 있던 기술을 이전과는 완전히 다른 맥락에서 사용하는 것이다. 기술 에피파니는 새로운 기술이 나타나고 얼마의 시간이 흐른 뒤에 일어나는 경우가 대부분인데, 이는 에피파니가 이전에는 없었던 새로운 니즈를 충족시키는 것이기 때문이다. 처음에는 눈에 띄지 않는, 아직은 잠자고 있는 의미가 깨어나기를 기다리는 것이 이 혁신의 특징이다. 그렇기 때문에 스타트업은 새로운 기술을 만들어낸 것에 만족하지 않고 끊임없이 그 기술이 가질 수 있는 잠재적인 역할을 찾아야 한다. '이 기술에 숨겨진 의미는 무엇인가?' '어떻게 하면 이 기술이 사람들에게 더 새롭고 유용하게 쓰일 수 있을까?' 등과 같은 질문을 계속해서 던져야 하는 것이다.

로베르토 베르간티와 도널드 노먼은 「디자인이슈」에서 기술 에피파니의 예로 닌텐도Nintendo의 '위Wii'를 들었다. 위는 이전까지는 소수 게임 마니아의 전유물이었던 콘솔 게임을 가족 모두를 위한 게임으로 발전시켰다. 소니Sony의 플레이 스테이션Play Station이나 마이크로소프트의 엑스박스Xbox, 닌텐도의 게임큐브Game Cube 같은 기존의 콘솔 게임은 게임 좀 한다는 젊은이들이 즐기는 소수 문화였다. 초기의 콘솔 게임은 그래픽도 조악했고 콘솔도 정밀하지 않았다. 이후 소니와 마이크로소프트가 그래픽을 기하급수적으로 발전시키긴 했지만 '소수의 전유물'이라는 콘솔 게임 자체의 의미를 바꾸지는 못했다. 그런데 닌텐도는 위라는 새로운 콘솔 게임에 새로운 가속도 센서, 적외선 영상 기술 등을 접목시킴과 동시에 '가족 모두가 즐기는 거실의 콘솔 게임'을 만들어내면서 콘솔 게임 시장의 패러다임을 바꿨다.

LBS 기술을 스마트폰 내비게이션에 접목시켜 실시간 최적 이동 경로를 제공하는 '김기사'를 만든 록앤올, 원거리 터치 기술이 구현된 미래를 꿈꾸는 브이터치, PC 보안의 패러다임을 모바일 보안으로 전환한 에스이웍스 등 세 기업이 가시는 공통점은 사회를 변화시키는 기술 에피파니의 단면을 찾아볼 수 있다는 것이다. 이처럼 기술 혁신에 있어서 중요한 것은 기술 자체만의 발전이 아니라 기술의 새로운 의미를 발견해내는 능력이다. 미국의 비교신화학자인 조지프 캠벨Joseph Campbell은 자신의 저서 『신화의 힘Power of Myth』에서 다음과 같이 말한다.

전설적인 영웅은 큰일을 한 사람, 무엇을 세운 사람인 경우가 보통입니다. 새로운 시대를 연 사람, 새 종교를 세운 사람, 새 도시를 세운 사람, 새로운 삶의 양식을 세운 사람인 것이지요. 이 새로운 것을 세우기 위해서 영웅은, 기왕에 살던 땅에서 새로운 것을 싹 틔울 잠재력이 있는 씨앗을 찾아 떠나야 합니다.

아마 영웅은 사회를 변혁할 수 있는 새로운 생각뿐 아니라 이를 실현해낼 강인함까지 가지고 있었을 것이다. 하지만 캠벨은 단순무지한 힘만 가지고 있다고 해서 영웅이 될 수 있는 것은 아님을 말하고자 했다. 힘보다 중요한 것은 아이디어, 즉 새로운 의미이기 때문이다. 기술 기반의 기업들은 기술 발전이 곧 혁신이라고 생각하기 때문에 외려 혁신이 어려운 경우가 많다. 그럴 때 이 기술의 새로운 의미는 무엇이 될지를 찾고 고민하는 것이 기술 혁신의 첫걸음이될 것이다.

4장

기업문화도 경쟁력:
직원들의 행복을 높여라

세계경영연구원의 한 설문조사에서 국내 대기업 및 중소기업 CEO 100명을 대상으로 '변화가 가장 시급한 것은 무엇입니까?'라는 질문을 했는데 응답자의 39%가 '기업문화'라고 응답했다 한다. 이들은 왜 기업문화를 가장 변화가 필요한 것으로 꼽았을까?

그 이유는 '기업'이 아닌 '문화'에서 찾을 수 있다. '너와 나' 사이의 다름을 이어주는 연결 고리, 서로 다른 사람들이 모여 만든 그들만의 분위기인 문화는 새로운 시작의 발판이 될 수도, 고난을 극복하는 힘이 될 수도, 하나의 목표를 향해 달려가는 원동력이 될 수도 있다. 특히 오랜 기간에 걸쳐 형성되고 공유된 기업 구성원의 신념, 핵심 가치, 의식 구조 등을 의미하는 기업문화가 조직의 성과에 실질적인 영향을 미치고 있다는 사실[*]이 밝혀지면서 그 중요성은 더욱 부각되고 있다. 1998년부터 2008년까지 S&P500지수[**]는 1.04%, 러셀3000지수Russell 3000 Index[***]는 1.25% 상승에 그친 반면 「포춘Fortune」이 선정한 '좋은 기업문화를 보유한 100개 상장기업'의 연평균 수익률은 6.8%를 기록했다. 이는 좋은 기업문화를 가진 기업이 그렇지 않은 기업보다 좋은 성과를 보인다는 것이

---

[*] 'Organization Culture and Leadership', Edgar Schein, 1985.
[**] 미국의 스탠더드 앤드 푸어(Standard & Poor)가 작성, 발표하는 주가지수.
[***] 미국의 프랭크 러셀(Frank Russ) 사가 발표하는 주가지수.

사실임을 나타내는 예에 해당한다.

생산성 향상을 도모하거나 기업 이미지를 높이겠다는 등의 다양한 목적을 위해 기업문화를 개선하려는 기업들은 많다. 그렇지만 불행히도 국내에서는 아직까지 두드러진 기업문화 혁신 소식이 들려오지 않는 것 또한 현실이다. 글로벌 기업들과 어깨를 겨루는 A 그룹의 경우 기업문화라 하면 '관리'나 '경쟁'의 이미지가 떠오르고 B 그룹은 자신들의 문화를 일컬어 '군대식'이라 부를 정도니, 일반 직원 입장에서 보면 국내 유수기업의 기업문화라 해도 썩 달갑지 않을 듯하다.

문화는 곧 집단마다 상이한 생활 및 사고방식이기에, 기업문화 역시 해당 기업의 임직원이 만들어 공유하고 있는 고유의 양식이라 할 수 있다. 그러므로 각 집단의 기업문화는 서마나 나를 수밖에 없고, 각 문화의 뛰어남과 열악함을 엄밀히 구분할 수도 없다. 하지만 새로운 기술과 서비스로 혁신적인 트렌드를 만들어야 생존할 수 있는 오늘날의 비즈니스 환경에서 구성원의 창의적 사고를 배양하고 모두가 자유롭게 소통하며 생각을 공유할 수 있는 분위기를 조성하는 것, 구성원이 업무에 자부심을 가지며 스스로 몰입해 더 큰 성과를 만들어낼 수 있는 환경을 만드는 것은 보다 창의적인 성과를 내는 데 있어 중요한 요소로 작용한다.

경쟁력 확보 차원에서의 기업문화 구축에 성공한 사례는 대기업보다 스타트업에서 더 많이 찾아볼 수 있다. 자본과 규모에서 상대적 열세일 수밖에 없는 스타트업 입장에서는 차별화된 기업문화를 구축해서 창의적이고 기발한 제품과 서비스를 만들어내는 것이 시장에서 경쟁하는 중요한 방법이 될 수 있기 때문이다. 또 신생 기업이라는 특징상 스타트업은 특정 문화가 아직 고착되기 이전의 조직이고, 그만큼 다양한 방식을 새롭게 시도하는 것도 용이하다.

'무엇이 좋은 기업문화인가'라는 질문에 대한 정답은 사실 없다. 기업의 규모, 업종 등에 따라 기업문화 구축에 적용할 수 있는 방법이 다르고, 접근 방법 또한 저마다 달라야 하기 때문이다. 따라서 위의 질문에 대해서는 다양한 해답이 존재하고, 그 답들은 치열한 경영 환경에 처해 있는 기업에게 있어 경쟁력이 될 수 있다.

이 장에서 소개하는 핸드스튜디오, 우아한 형제들, 파이브락스가 바로 그 해답을 찾은 기업들이다. 이들은 자신만의 독특하고 긍정적인 기업문화를 경쟁력 삼아 그 속에서 유의미한 성과를 내는 데 성공했다. 그들의 사례를 통해 경쟁력을 갖추기 위한 기업문화란 무엇이고, 그것을 어떻게 정의하며, 그렇게 도출된 기업문화는 어떻게 내재화하여 발전시킬 수 있을지 그 실마리를 찾아보자.

① 파이브락스 :
기업 방향성의 명확도를 높인다

파이브락스 로고

모바일 게임을 위한 분석운영 서비스 '파이브락스'의 개발사인 파이브락스5Rocks 는 2010년 9월에 설립되었고, 게임별 특성에 맞춰 사용자 그룹별 이용행태를 분석함은 물론 그 결과를 바탕으로 게임 운영과 마케팅을 동시에 가능케 하는 기술로 이미 그 우수성을 인정받았다. 2013년 8월에는 일본의 글로벌브레인으로부터 25억 5,000만 원을 투자받아 일본 시장에 진출했고, 2014년까지 한국과 일본, 동남아시아, 북남미, 유럽 등 세계 전역에서 700여 개의 고객사를 확보했다. 2014년 8월에는 미국의 모바일 광고기술 및 수익화 플랫폼 기업인 탭조이Tapjoy에 인수되었다.

구글러로서의 경험에서 나온 파이브락스만의 기업문화

'기업문화는 이러이러해야 한다'라는 진리는 없다. 따라서 어느 날 갑자기 '선진 기업문화는 이것이다'라고 정의한 후 전 직원들로 하여금 당장 그것을 따르게 하는 것은 문화의 속성을 간과하고 왜곡하는 활동에 가깝다. 어떤 집단의 고유한 사유방식인 문화는 그 속성상 리더가 강요한다고 하루아침에 바뀌는 것이 아닐 뿐 아니라 1만 개의 기업이 있다면 1만 개의 기업문화 역시 가능하기 때문이다.

하지만 기업문화는 그 기업의 시작과 동시에 형성되고, 창업자와 초기 팀이 모여 만든 분위기가 향후 기업문화의 방향을 좌우한다는 것은 모든 기업이 공통적으로 겪는 사실이다. 새벽부터 일을 시작하기로 유명했던 고_故 정주영 회장이 만든 현대차 그룹에서는 지금도 오전 7시 30분에 임원 회의가 이루어지고, SAS 인스티튜트SAS Institute의 창업자 짐 굿나이트Jim Goodnight 회장의 '행복한 젖소가 더 많은 우유를 생산한다'는 철학은 지금도 해마다 SAS를 일하기 좋은 기업 1~2위에 랭크시키는 원동력이 되고 있다(SAS는 2012년에도 '세계에서 가장 일하기 좋은 다국적 기업' 1위로 선정되었다). 파이브락스의 창업팀 역시 그간의 창업 경험을 통해 기업문화의 중요성, 그리고 그것을 일구기 위한 초기 팀의 고민이 기업의 경쟁력과 성과에 지대한 영향을 미친다는 사실을 잘 알고 있었다.

1996년 카이스트와 포항공대(현 포스텍) 간의 '해킹 전쟁'을 주도한 사건으로 해커라는 말을 국내에 널리 퍼뜨린 파이브락스의 노정석 창업자는 이후 1997년에 창업된 보안 솔루션 개발업체 '인

젠'에 CTO로 합류한 것을 시작으로 스타트업 세계에 뛰어들었다. 2002년 보안업체 '젠터스'를 직접 창업했으나 설립 1년 만에 문을 닫는 등 실패도 겪은 그는 이후 2005년 설치형 블로그 태터툴즈 Tattertools 서비스업체인 '태터앤컴퍼니TNC'를 설립하고, 이를 국내 스타트업 기업 중 최초로 구글에 매각하는 데 성공했다. 이후 자연스럽게 본인도 구글에 영입되어 구글러로서 프로덕트 매니저 업무까지 수행했던 그는 창업 실패, 성공적인 기업 매각과 글로벌 리딩 기업에서의 업무 경험을 쌓은 뒤 이창수 CEO와 함께 2010년 아블라컴퍼니Ablar Company를 설립했다. 이것이 2013년에 개명하면서 지금의 파이브락스가 된 것이다.

그들의 창업 동기는 간단했다. "저희는 커다란 기술 기반의 플랫폼 비즈니스를 하고 싶었습니다." 자신이 해커 출신이어서일까. 영업처럼 발로 뛰는 사업보다는 기술 기반의 기업체를 만드는 것에 전념했던 노정석 창업자는 구글에서의 경험을 통해 자신이 만들고 싶은 조직과 제품의 상像을 보다 명확히 그릴 수 있었다. 소수의 전문가가 모여 어마어마하게 큰일을 벌이는 깃, 몇몇의 전문기 집단이 몇백 명의 일을 쳐내는 조직을 통해 보다 커다란 일을 해내고 싶었던 것이다.

소수의 인원이 커다란 결과를 얻으려면 어떻게 해야 할까? 파이브락스의 기업문화는 바로 이 질문에 대한 답을 찾는 과정에서 그 방향성이 결정되었다. 사실 전문가라 불릴 만한 엘리트만 모여 있는 회사를 찾는 것은 쉽지 않다. 하지만 구글은 예외였다. 구글의 사무실에는 정말 누구나 감탄할 만한 엄청난 일을 아무렇지도 않게 해내는 수많은 구글러가 있었다. 하지만 노정석 창업자가 본 구글러들은 서로가 한 발자국씩 멀리 있는 느낌이었다. 개개인의 능력이 뛰어나긴 하지만 직원끼리 잘 융화된다고 보기는 어려웠던 것이다. 엘리트라 할 수 있는 전문가들은 엄청난 노력이나 남다른 직관을 보였기에 그 위치에 오르게 되었고, 똑같은 상황과 마주치더라도 남다르게 반응한다. 그만큼 각자의 개성이 강하고 주관도 뚜렷한 사람끼리 서로 융합하며 일하는 것이 쉽지만은 않은 것이 사실이다.

그럼에도 그런 인물들이 모인 구글 같은 집단이 엄청난 일을 만들어낸 것을 보며 그는 '개인 플레이에 강한 전문가들의 생각을 한데 모아 융합에 성공하면 더 어마어마한 일도 해낼 수 있지 않을까?'라는 하나의 가정을 세웠고, 바로 그 생각을 스타트업에 적용해보기로 했다. 뛰어난 이들이 모여 한 방향을 바라보면 엄청난 결과가 나타난다는 것. 파이브락스의 기업문화는 이 믿음을 실현시키기 위해 가다듬어졌다.

가장 중요한 것은 '어떤 사람들과 함께해야 하는가'였다. 노정석 창업자는 파이브락스가 원하는 인재를 '베이직 인텔리전스basic intelligence를 가진 자'로 정의했는데, 이는 크게 세 가지를 갖춘 사람이라고 할 수 있다.

첫째, 자신의 분야에 대한 기초와 전문성이 튼튼한 사람이다. 기술 기반의 스타트업이 대형 사고를 칠 가능성은 당연히 자신의 무기가 확실한 이들이 한데 모였을 때 높아진다. 따라서 자기 분야에 튼튼한 기초와 전문성을 보유한 이가 필요하다. 둘째, 필요한 지식을 빠르게 습득할 수 있는 능력이 있는 사람이다. 아무리 자신의 무기가 확실해도 시대 흐름과 기술 변화는 언제나 개인의 그것보다 빠르고 변화무쌍하기에 이를 감지하고 적극적으로 흡수할 수 있는 이가 필요하다. 마지막으로 팀과 편안하고 효율적으로 협업할 수 있는 보편적인 상식을 갖춘 사람이다. 독불장군처럼 아이디어만 제시하는 사람보다는 다른 이들과 함께 생각을 하고 가다듬으며 서로에게 더 나은 방향을 제시할 수 있는 이가 필요한 것이다.

이러한 베이직 인텔리전스를 갖춘 사람들이 함께하며 한 방향을 바라본다면 어느 누구도 막을 수 없는 강팀이 될 수 있을 것이라고 믿었다.

개인의 목적과 회사의 목적을 일치시켜라!

파이브락스가 팀으로 하여금 한 방향을 바라보게 하기 위해 가장 먼저 신경 쓴 부분은 '공동의 목적성을 갖추기 위한 생각의 공유'였다. 여럿이 함께 길을 걸어도 자신이 어디를 향하는지 모르는 채 그저 막연히 따라가기만 한다면 왠지 가기 싫을 때도 있고 자신이 가고 싶은 샛길로 혼자 벗어나는 경우도 있듯이, 어디로 가고 있는지 공유하고 이유에 공감하지 않는다면 함께하는 것 자체가 싫을 수 있다. 하지만 아쉽게도 이와 유사한 패턴은 수많은 이들의 회사생활에서 나타난다. 특히 대기업은 커다란 조직이기에 개개인의 업무는 잘게 쪼개질 수밖에 없고, 상명하복 식으로 업무가 하달되기 때문에 직원들은 자신이 왜 그 일을 해야 하고 그것이 조직에 어떻게 기여하는지에 대해 잘 모르는 경우가 부지기수다.

하지만 스타트업에서까지 이렇게 할 필요는 없다. 스타트업에서 일을 한다는 건 사실 해당 비즈니스와 성장성에 대한 강한 믿음이 있고, 그 일 자체를 사랑함을 의미한다. 그렇기에 스타트업에 합류하는 사람들은 연봉이나 고용안정성 등 모든 환경이 열악함에도 기업과 개인이 함께 커나가는 것을 원하고 성장과 성공의 가능성을 믿는다. 때문에 스타트업은 기업과 직원이 함께 성장하는 모습을 꾸준히 보여주어야 하고, 앞으로의 방향도 항상 고민해야 한다. 파이브락스 역시 기업이 가고자 하는 방향, 비즈니스의 목적을 최대한 공유하고 직원 개인의 비전과 이를 일치시키기 위해 노력하였다.

• 방법 1. 투명한 공개

자신이 다니고 있는 회사의 소식을 신문을 통해 알게 될 경우가 있을 정도로 기업이 자사 직원과 중요 정보를 공유하지 않는 사례는 꽤 많다. 기업 내부의 크고 작은 정보는 주로 임원진을 포함한 소수의 인물들이 독점하고 있다. 모든 직원에게 내부 정보가 공유되면 외부 경쟁업체나 관련자들에게 유출될 확률이 높아져 사업에 손해를 보는 일이 발생할지 모른다는 것이 그 이유다. 하지만 가령 성과급 지급일처럼 크게 중요치 않은 소식을 신문에서 알게 된다는 것은 직원들에게 소외감을 느끼게 함과 동시에 소속감 역시 저하시킬 수 있다. 또한 기업이 궁극적으로 가고자 하는 방향에 대해 알 길이 없으니 개인의 미래를 회사와 연결하여 생각하지 않게 된다는 결정적인 부작용도 생긴다.

반면 파이브락스에서는 기업의 비전과 개인의 목표를 맞추고자 하기에 이러한 정보 비대칭 현상을 없애는 것을 최우선으로 여겼다. 이창수 대표는 '회사의 비전을 투명하게 공개하겠다'고 전 직원에게 선언했고, 회사가 가고 있는 방향과 현재의 진행 현황, 파이브락스가 처한 현실 등을 정기적으로 공유하며 앞으로 갈 길을 명확하게 정리해주는 시간을 갖고 있다. 이러한 노력 덕분에 파이브락스의 전 직원은 회사와 자신이 처한 현실을 정확히 인지할 뿐 아니라 회사가 향하고자 하는 지점도 잘 알고 있다.

• 방법 2. 오버 커뮤니케이션

정보의 비대칭은 기업과 직원 간의 문제만이 아니다. 구글에서는 서로 관련 업무가 없는 팀들끼리도 이야기하는(회의가 아닌) 시간을 매주, 격주, 월간 등 의무적으로 갖게 한다고 한다. 업무적으로 얽혀 있는 직원들, 혹은 같은 부서 상사와의 대화 시간은 보통 업무 얘기로 채워진다. 반면 업무상 별 관계없는 이들이 모이면 취미, 가족 등 회사와는 무관한 얘기를 하게 되는데 그 과정에서 서로의 생각이나 사고방식을 자연스럽게 접하고, 그럼으로써 서로를 보다 깊이 이해할 수 있게 된다. 그렇게 알게 된 이들이 어떤 기회에 업무적으로 얽히면 보다 수월하게 일을 진행할 수 있고, 자연히 생산성을 높일 수 있다는 것이 구글의 생각이다. 파이브락스도 이를 벤치마킹 하여 구글보다 더 틈만 나면, 아니 틈을 만들어서라도 직원끼리 될 수 있는 한 많은 이야기를 공유하게끔 한다. 그들 스스로는 이것을 오버 커뮤니케이션over communication이라 부르는데, 오버 커뮤니케이션하에서 행해지고 있는 것은 다음과 같다.

대표와 직원들은 격주로 1:1 대화 시간을 가짐.
매주 전 직원(해외에 있다면 스카이프를 통해서라도) 전체 회의
기술 및 문화 세미나 (매주, 수시)
삼삼오오 불시에 가지는 잡담과 티타임 장려
업무 관련자들끼리는 매주 1:1 대화하기
다른 부서 사람들과는 2주에 한 번씩 1:1 대화하기

오버 커뮤니케이션을 위해 어떤 특별한 제도, 정규화된 규칙이 있는 것은 아니다. 하지만 그 목적은 최대한 시간을 내서 서로의 생각을 주고받으며 함께하는 시간을 늘리자는 데 있다. 중요한 것은 1:1 대화를 비롯해 팀 간, 직원 간, 직원과 대표 등 많은 이들이 가급적 많은 시간을 들여 서로 어떤 생각을 하고 있는지 알아가는 것이기 때문이다.

서로 어떻게 생각하고 무슨 일이 있는지 부지불식 간에 알아가는 것을 목적으로 행해지고 있는 오버 커뮤니케이션 활동은 얼핏 무척 많은 시간을 소모하는 것처럼 보인다. 실제로 창업 초기였던

2011년에는 잡담하느라 업무 시간이 부족하다는 불만을 가지는 직원이 있었는가 하면, 개인적인 일을 굳이 공유해야 하는가에 대한 이의 제기도 있었다. 그렇지만 오버 커뮤니케이션 활동을 꾸준히 지속한 결과 직원들 사이에서 정서적 공감대가 형성되었다고 한다. 정서적인 동기화同期化. 평소 업무와 무관한 다양한 이야기들로 서로의 스타일과 사고 방식을 이해하고 나니 의견 충돌 시에도 오해의 여지가 감소했고, 이로 인한 감정 소모 역시 줄어들었다. 사적 영역에서도 직원 간 감정 동기화율을 높이려는 노력이 구성원을 한 방향으로 이끌어내기 위한 하나의 동력이 되고 있는 것이다.

오버 커뮤니케이션, 그 결과는?

'예약왕 포잉'을 서비스했던 B2C 기업 아블라컴퍼니에서 데이터 분석툴을 제공하는 B2B 기업인 파이브락스로의 신속한 전환이 가능했던 이유, 그것은 오버 커뮤니케이션의 진짜 결과물인 기업 내부의 빠른 의사결정 덕분이었다. 전 직원이 평소 다양한 생각들을 공유하고 서로에 대한 이해가 깊었기에 파이브락스는 조직 내부의 빠른 의사결정이 가능했고 신속히 움직일 수 있었던 것이다. 파이브락스는 이제 모든 직원들의 생각이 동기화되어 있다고 할 정도로 이 부분에서 강한 자신감을 보이고 있다.

이러한 동기화는 다양성과 창의력의 측면에서 다소 걱정되는 부분이기도 하지만 파이브락스에서는 그리 큰 문제가 되지 않는다. 그들이 말하는 동기화는 서로의 사고 방식을 이해하고, 의사소통을 가로막는 감정적인 충돌이나 오해의 여지를 최소화함을 말한다. 다양한 사고는 비즈니스 전 영역에 걸쳐 중요하지만, 이를 모아 방향성을 설정하는 과정에서 오버 커뮤니케이션으로 형성된 동기화는 공감이라는 강력한 추진력을 갖게 되기 때문이다. 이 과정에서 리더는 더 많은 것을 보고, 함께 고민해야 할 것을 먼저 찾는 역할을 담당한다. 시장의 흐름, 경쟁 상황, 그곳이 우리가 갈 만한 곳인지 아닌지를 끊임없이 고민하고 제시하며 이에 대해 다양한 사고와 창의력을 이끌어내야 하는 것이다. 파이브락스의 경우에는 '시장의 메가 트렌드는 이러이러한데 우리가 그 흐름을 우리 것으로 만들 수 있을까, 아니면 들러리로밖에 못 갈까?'와 같은 질문을 리더들이 던졌고, 그에 대한 전 직원의 공감대가 형성된 다음에야 그것에 곧바로 뛰어들었다 한다. 그 결과는 파이브락스의 사명社名 변화와 비즈니스 피보팅pivoting을 통해 알 수 있다.

2013년 초, 카카오 플랫폼으로 게임 론칭이 가능해지자 수많은 이들이 모바일 게임 시장에 뛰어들면서 한·중·일 모두 모바일 게임을 가장 확실한 비즈니스 모델로 여기는 시대가 열렸다. 대부분의 게임사가 모바일 게임 분야에 진출하고 새로운 플레이어들이 속속 등장한다는 것은 곧 시장이 성장함을, 그리고 소비자가 그 시장에 쓰는 시간과 돈이 점차 증가함을 의미한다. 기업이 폭발적으로 성장하려면 시장 형성 초기에 길목을 잡고 시장의 성장과 함께 커야 하는 법. 파이브락스는 모바일 게임 시장의 메가 트렌드를 감지했고, 그에 따라 주력 서비스를 '예약왕 포잉'에서 웹·모바일 게임

데이터 분석 솔루션인 '파이브락스'로 전환시켰다. 이미 그 당시에는 그전부터 이루어진 몇 년간의 오버 커뮤니케이션 과정을 통해 전사적인 동기화가 되어 있었기에 비즈니스 모델 전환이라는 커다란 변화에 대해 직원들을 설득하는 것도 어렵지 않았다.

사실 기업이 가는 길이 맞냐 틀리냐를 결정하는 주체는 직원이나 리더가 아닌, 고객과 시장이다. 파이브락스의 전신인 아블라컴퍼니는 온라인의 기술로 오프라인을 혁신하자는 대명제하에 '예약왕 포잉'을 시작했지만 큰 반향을 일으키지는 못했다(현재 '예약왕 포잉'은 트러스트어스가 인수, 아블라컴퍼니보다 더 좋은 운영으로 호평받고 있다). 이런 전례를 보면 파이브락스의 사업 방식이라 해서 항상 성공적인 결과를 보장하는 것은 아님을 알 수 있다. 파이브락스 또한 이 사실에 동감한다. 하지만 중요한 건 자신들이 맞냐 틀리냐를 고민하고 결정하는 그 시간에 논리적인 의사결정 및 동기화된 직원들의 합심을 바탕으로 신속히 사업에 뛰어들고, 그 결과를 시장에 맡기는 그들의 모습이다. 이는 더욱 급변하는 비즈니스 환경 속에서 빠른 대응을 요하는 오늘날의 현실에 시사하는 비가 크다.

기업문화는 창업자들에 의해 처음 생기고, 신입사원이든 경력사원이든 이후에 입사하는 이들은 그렇게 형성된 기업문화에 동화되기 마련이다. 기업문화는 곧 리더가 세상을 바라보는 관점, 리더가 사람들을 대하는 방법 등을 조직에 복사하는 것과도 같다. 따라서 기업 초기에는 강하고 좋은 기업문화를 설정하는 것이 중요하다. 초기 멤버 3~5명의 규모에 기업문화가 맞춰졌다면 그 기업이 점차 성장해 구성원이 100명쯤에 이르렀을 때쯤에는 변화를 주어 진화시켜야 한다. 이처럼 머물지 않고 끊임없이 바뀌기 때문에 'A 기업의 문화는 이러이러하다'라고 정의하는 것은 불가능한 것이 사실이다.

하지만 기업문화를 가꾸는 목적만은 분명해야 한다. 전문가들이 모여 커다란 '사고'를 치고 싶었던 파이브락스는 창업 초기부터 그 목적을 달성하기 위해 오버 커뮤니케이션이라는 문화를 강조하였다. 파이브락스의 구성원들 중에는 까칠한 사람, 우기는 사람, 디테일한 것에 집착하는 사람 등 개성 강한 이들이 많다. 그러나 그들은 오버 커뮤니케이션을 통해 공통점이 많아졌고 서로가 생각하는 방식을 잘 알게 됨에 따라 더 빨리 서로를 이해하게 되었으며, 그 과정에서 불필요한 감정 소모도 줄어들면서 결과적으로 공통된 방향을 바라보는 데 필요한 시간을 최소화하는 데 성공했다.

그렇게 파이브락스는 기업문화를 경쟁력화했다. 앞으로 경쟁력을 바탕으로 그들이 어떻게 자신들의 목표를 달성하고 그것을 바탕으로 어떻게 다시 기업문화를 발전시켜나갈지, 그리고 문화를 바탕으로 파이브락스가 또 어떤 사고를 칠지 지켜보며 배울 점을 찾는 것도 재미있는 일이 될 것이다.

② 핸드스튜디오 :
회사가 직원을 보살펴준다

핸드스튜디오 로고

스마트 TV 콘텐츠 및 서비스 제작 업체인 핸드스튜디오Hand Studio는 2010년 2월 1일 설립되었고, 스마트폰과 스마트패드, 스마트 TV 애플리케이션을 서비스하며 스마트 TV 기반 콘텐츠 유통 솔루션도 개발했다. 'TV 앱 스타트업 어워드' 대상과 '대한민국 TV앱 이노베이션 대상'에서 대상, 최우수상, 장려상 등도 수상한 바 있다. 사업 분야의 성과와 더불어 독특한 사내 복지문화로 '한국의 구글'이라는 평을 받고 있는 핸드스튜디오는 새로운 기업문화를 정착시키기 위해 꾸준히 노력 중이고, 2013년 12월 16일에 문화체육부에서 '즐거운 직장, 행복한 기업'으로 선정한 네 개 기업 중 한 곳이기도 하다.

복지 불모지 한국에 나타난 복지천국

월요병, 꽤 많은 직장인이 겪는 병 아닌 병이다. 직장인이 느끼는 월요병의 증세는 가지각색이지만 그 원인은 단순하다. 바로 직장 때문이다. 자아실현 혹은 생활이나 생존을 위해 대부분의 사람들은 학교 졸업 뒤 힘겨운 과정을 거쳐 결국 직장에 다니거나 창업을 하게 된다. 하지만 이런 것에 성공해도 직장인으로서 생활한다는 것은 결코 만만치 않다. 야근은 기본이고 성과에 대한 압박, 동료로부터의 상처 등 많은 요소가 직장인에게 스트레스로 작용하여 월요병 같은 형태로 나타나는 것이다.

크게는 임원이 된다거나 작게는 승진, 연봉 상승, 꾸준한 월급 등을 위해 현재를 담보하여 하루하루 힘겹게 살아가는 많은 직장인. 이러한 생활이 딱히 잘못되었다고 할 수는 없지만 하루의 절반 이상을 보내는 회사에서의 시간이 힘겨움으로 점철된다는 것은 무언가 아쉬운 것도 사실이다. 언론이나 온라인을 통해 자유로운 분위기의 해외 기업이 소개되면 그곳을 '꿈의 직장'이라 부르며 동경의 눈빛으로 바라보는 것 역시 이러한 이유 때문일 것이다.

구글은 대표적인 '꿈의 직장'에 속한다. '사악하지 않아도 돈을 벌 수 있다' '정장 없이도 진지할 수 있다' '업무는 도전적이어야 하며 그 도전은 재미있어야 한다'를 철학으로 삼는 구글은 각종 무료 음식과 수영장, 마사지숍 등 누구나 언제든 이용할 수 있는 다양한 요소들을 본사에 충분히 비치하여 구글플렉스Googleplex로 명명함으로써 다른 기업의 사무실과 이미지 면에서 차별화를 꾀하고 있다.

구글의 창업자인 래리 페이지Larry Page와 세르게이 브린Sergey Brin
은 '직원이 행복해야 생산성도 최고'라는 신념으로 재미있고도 독
특한 근무 환경과 다양한 복지제도를 만들어 직원이 자신의 일을
가장 잘할 수 있도록 직간접적으로 지원하고 있다. 물론 구글을 포
함한 여러 '꿈의 직장'은 결국 더 큰 성과를 내기 위해 독특한 기업
문화를 만들어낸 것이지만, 직원인 우리는 그 문화 자체를 부러워
하며 선망의 대상으로 삼는다. 또 그 노력들이 성과로 이어지는 것
을 보아왔기에 국내의 많은 기업도 GWPGood Working Place를 표방
하며 좋은 직장 분위기와 양질의 근무 환경을 만들기 위해 이런저
런 노력을 기울이고 있다. 하지만 아직까지 직장은 직원에게 즐거움
이나 행복이 아닌, 압박과 스트레스를 주는 곳으로 인식되는 것이
우리 사회의 전반적인 분위기다.

　왜 우리나라 직장인들에게 직장 생활은 버거움으로 다가올 수
밖에 없는 것일까? 어느 정도의 보수는 보장되지만 힘겹고 스트레
스가 많다면 그곳은 좋은 직장일까? 반대로 근무 분위기는 즐겁고
재미있지만 대우나 보수 면에서 부족한 직장은 직원들에게 어떠한
의미를 가질까? 과연 좋은 직장이란 무엇일까? 직원 모두가 적절
한 대우를 받으며 재미있게 일하는 것은 불가능한 것일까? 재미있
게 일한다면 그에 따른 결과 역시 자연스럽게 따라오는 것 아닐까?
그렇다면 직원이 행복한 것 자체가 새로운 경쟁력이 될 수 있지 않
을까? 우리는 핸드스튜디오의 사례에서 이에 대한 답을 찾아볼 수
있다.

앞서 언급했듯 2010년 2월에 설립된 핸드스튜디오는 스마트 TV에 들어가는 어플리케이션 프로그램(이하 앱)의 개발사다. 스마트 TV의 앱은 개인화된 스마트폰 앱과 달리 대형 화면과 리모콘이라는 UI, 가족 단위의 이용 형태 등의 특징을 가진다. 때문에 스마트폰 앱과는 다른 차원에서 접근해야 함은 물론 최적화 프로그래밍, UI, UX 등 차별화된 기술을 필요로 한다. 또 누구나 제작하여 오픈마켓에서 공개하고 거래할 수 있는 스마트폰 앱과 달리 삼성이나 LG 등 스마트 TV 제작사의 인앱(제품 출고 당시부터 이미 설치되어 있는 앱) 형태로 유통되는 것이 스마트폰 TV 앱의 특징이다. 스마트 TV가 출시되기 전인 2010년 초부터 스마트 TV 앱 전문업체로 이름을 알리기 시작한 핸드스튜디오는 이후에도 스마트 TV와 관련된 기술력과 노하우를 인정받아 현재까지 국내외 스마트 TV 앱 개발 분야에서 줄곧 1위 자리를 고수하고 있다.

이런 핸드스튜디오는 매출 이익의 80%를 직원의 임금과 복지를 위해 지출하고 있다. 설립한 지 얼마 되지 않아 한창 투자해야 하고 이를 통해 성장에 전념해야 하는 것이 일반적인 경영진의 입장임을 고려해보면 이는 굉장히 파격적인 수치임을 알 수 있다.

회사가 직원을 보살펴주는 '자취생 복지문화'

회사가 직원들에게 무엇을 얼마나 지원해주기에 매출의 80%가 직원들의 임금과 복지에 쓰이는 걸까? 핸드스튜디오의 직원들을 위한 파격적인 복지제도 몇 가지를 살펴보자.

가장 먼저 눈에 띄는 것은 결혼 및 출산 시에 지급되는 지원금이다. 결혼을 하거나 아이를 낳으면 회사에서 1,000만 원을 지급하는 이 제도는 결혼 비용과 양육 부담을 덜어주기 위해 만들어진 것으로 지금까지 여섯 명이 수혜를 받았고, 2014년에도 네 명이 이 지원금을 수령할 예정이다. 대다수의 직원들이 결혼 적령기이기 때문에 앞으로도 계속 수혜자가 나올 텐데, 이러한 추세는 분명 핸드스튜디오에게 지속적인 지출을 야기하는 부담으로 작용할 수 있다. 하지만 이에 대비하여 핸드스튜디오는 향후 회사가 어려워도 절대 손을 댈 수 없는 별도의 결혼지원금용 적금통장을 몇 년 전부터 만들어 유지해오는 등 앞으로도 계속 이 제도를 지속적으로 시행하고자 하고 있다.

직원과 직원 가족의 건강 역시 회사가 책임진다. 일반적으로 대기업이 지원하는 전 직원 건강검진은 물론 희망 시 직원의 부모님

자녀출산 지원비 1,000만 원을 수령한 한 직원의 인증사진

과 형제자매의 건강검진까지도 핸드스튜디오는 지원한다. 뿐만 아니라 예방 접종, 구충제, 피로회복제, 내복, 핫팩 등 직원의 건강을 챙기기 위한 사소한 부분까지 놓치지 않는다.

또 하나의 이색적인 제도는 직원들의 의류비를 지원하는 '때때옷' 프로그램이다. 옷을 사러 갈 시간이 없는 직원을 위해 분기마다 15~20만 원 가량의 의류비를 지원해주고, 업무 시간에 전 직원이 백화점에 가서 함께 옷을 산다. 그리고 그 옷을 입고 패션쇼를 열어서 베스트드레서와 워스트드레서를 뽑기도 한다. 이 프로그램을 통해 직원들은 새 옷을 가질 수 있을 뿐 아니라 패션쇼라는 이벤트를 통해 서로에게 관심을 갖고 친목을 쌓을 수 있다.

핸드스튜디오의 한 해 행사 중 가장 큰 것은 송년회다. 핸드스튜

'때때옷' 프로그램을 맞아 새 옷을 선보인 직원들

디오의 송년회는 국내 특급호텔에서 성대하게 치러지는데, 일반적인 회사와 달리 가족 단위로 이루어지기 때문에 직원의 부모님도 초청된다. IT 업계의 특성상 자녀의 업무를 부모님들이 이해하시기 어려울 수 있는데, 이런 부분을 해소하기 위해 자녀가 어떤 회사에 다니고 어떠한 일을 하는지 설명해드리고자 하는 것이다.

직원의 부모님은 귀빈처럼 대접을 받고 왕복교통비, 숙식비 등 모든 비용을 회사 측에서 부담한다. 예를 들어 부산에 사는 분이라면 왕복 KTX 표를 끊어드림은 물론 서울역에서 송년회 행사장인 호텔까지 타고 오는 택시비까지 지원하는 식이다. 창사 후 지속적으로 개최되고 있는 가족 초대 송년회는 꾸준히 좋은 반응을 얻고 있는데, 부모님들의 대체적인 반응은 '놀랐다'와 '뿌듯하다' '마음이 놓인다' 등이었다. 부모 입장에서는 자식이 일하고 있는 회사가 흔히 알려진 회사가 아니기에 불안하거나 궁금할 수도 있는데 송년회를

핸드스튜디오의 2013년 송년회 모습

통해 이런 점들을 해결해주고, 당신의 자식이 엄연한 사회의 일원으로 좋은 회사에서 열심히 즐겁게 일하고 있다는 사실을 알려드림으로써 부모님들에게 자식에 대한 자긍심과 만족감을 드리는 것이다. 송년회 행사 후 직원 가족들은 회사를 더 인정하고 지지하게 되며, 이러한 긍정적인 에너지는 직원의 애사심과 소속감을 다진다.

이렇듯 핸드스튜디오의 복지는 '한국의 구글'이라 불릴 정도로 놀라움의 연속이다. 하지만 핸드스튜디오는 자사의 복지제도를 그저 '자취생 복지문화'라 생각하고 있다. 2014년 3월 현재 핸드스튜디오 직원의 평균 연령은 28세, 인턴 사원을 제외하면 평균 연령 29세다. 즉, 아직 사회적 기반이 불안정한 사회초년생이 대다수인 것이다. 사회 경험도 부족한 다수의 젊은 청년이 아직 불안정한 스타트업에서 일한다는 건 본인에게는 도전이자 모험이겠지만 부모의 입장에서 생각해보면 썩 만족스러운 모습이 아닐 수도 있다. 대부분의 부모님은 자식이 평범하게 살면서 안정적인 직장에서 적당한 시기에 결혼하고 자식도 낳기를 바라기 때문이다. 핸드스튜디오의 안준희 창업자도 이 부분에 대해 고민했다.

"2010년에 창업할 당시 부모님께서는 제가 평범하게 살길 바라셨어요. 어른들 입장에서 보면 대학 졸업하고 3년 정도 직장생활을 했으면 결혼해서 자식 낳고 살아야 하는데 그걸 제가 안 하고 창업의 길로 들어섰거든요. 부모님의 마음을 아프게 한 거죠. 그래서 '직원과 직원 부모님이 걱정하는 부분을 회사에서 충족해줘야겠다' '자취생이 사회에서 겪게 되는 어려움을 회사에서 챙겨주자'라고 생각했지요."

결국 젊은 사회초년생인 직원이 겪는 어려움을 해결해줌과 동시에 혼자 힘으로는 해결할 수 없는 부분, 부모님이 도와주기 어려운 부분을 채워주고자 시작한 것이 핸드스튜디오의 복지인 것이다. 기업의 규모 및 혜택을 받는 직원 수의 차이로 직접적인 비교는 어렵지만, 직원 개개인이 받는 혜택만으로 핸드스튜디오의 복지를 가늠해보면 그중 일부 혜택은 국내 유수의 대기업을 능가한다.

매출의 80%를 직원에게 쓰는 것은 회사원의 입장에서 당연히 좋은 제도이겠지만 회사란 이윤을 목적으로 하는 조직임을 감안하면 상당히 의아한 부분이다. 더군다나 한창 성장해야 할 창업 5년 미만의 스타트업이라면 더욱 그렇다. 핸드스튜디오는 왜 이런 제도를 도입하고 유지하는 것일까?

	S그룹 (계열사별로 상이)	H그룹 (계열사별로 상이)	핸드스튜디오
결혼 지원금	200만~300만 원	30만~100만 원	1,000만 원
출산 지원금	없음	없음	1,000만 원
출근시간	8시	8시	자유
식대	중식제공, 조식-석식 부분지원	중식제공, 조식-석식 부분지원	조식, 중식, 석식 제공
간식	커피류만 부분적 제공	커피류만 부분적 제공	무한제공
육아휴직	출산 직원에 한해 1년, 배우자 출산 시 3일 휴가	출산 직원에 한해 1년, 배우자 출산 시 3일 휴가	본인 출산 휴가 4개월, 배우자 출산 시 10일 휴가, 육아휴직 2년
휴가	월차 12개, 2년 근속 시 1일 추가, refresh 휴가 5일	월차 12개, 2년 근속 시 1일 추가, 여름휴가 5일 + refresh 휴가 5일	매월 꿈을 위한 휴가 1일, 매 분기별 3일 휴가, 여름휴가 5일, 겨울휴가 5일

국내 대기업과 핸드스튜디오의 복지 비교

신뢰를 만들기 위해

수능을 앞둔 고교생, 고시를 앞둔 수험생뿐만 아니라 우리 사회 전반에는 '지금 노력해서 다음에 무언가 이루자. 지금 참고 견디면 나중에 행복한 날이 올 거야'라는 마인드가 지배적이다. 하지만 핸드스튜디오의 안준희 창업자는 예전부터 '오늘 행복하지 않은데 내일 행복할 수 있을까?'라는 의문을 가지고 있었다. 오늘 1,000원을 나누지 않는데 과연 내일 1억 원을 나눌 수 있을까? 많은 회사들이 올해만 참으면 내년에 보상해주겠다고 말한다. 하지만 그런 식으로 미래의 행복을 담보로 잡아 현재의 힘겨움을 감내하라는 것이 과연 바람직한 것일까? 핸드스튜디오는 '오늘을 행복하게 만들자'는 것을 모토로 삼아 최소한의 유보금을 제외한 나머지는 최대한 나누려 하고 있다.

핸드스튜디오는 오늘 행복하고 싶기에 매일매일 즐겁게 일할 수 있는 직장이 되는 것을 추구한다. 그것을 위해 한 달에 한 번 업무를 떠나 영화 관람, 봉사활동 등의 과외(?) 활동을 하는 핸드업데이, 문화상품권을 걸고 목요일 오후에 전 직원이 참가하는 카트라이더 대회 등 크고 작은 행사를 팀 주도로 개최한다. 반면 '싸우면 퇴사하는 것이 유일한 사칙'이라고 말할 정도로 감정적 싸움은 엄하게 관리된다. 업무 과정의 의견 충돌은 장려하지만, 사적인 감정적 대립은 즐겁게 일하고자 하는 회사 분위기를 저해하며 직원 간 신뢰와 화합을 방해하는 요인이라 여기기 때문이다. 이에 대해 안준희 창업자는 "가족이나 애인, 배우자보다 더 오랜 시간 보는 사람끼리 서로 미워하는 것이 얼마나 끔찍한 일인가요. 그런 상황에서는 결코 행복할 수 없습니다"라고 말한다. 그 유일한 사칙을 제외하고는 직원의 자유를 최대한 보장한다. 사정이 있을 시 조기 퇴근이 가능할 정도로 별도의 근태관리도 없다.

한편 핸드스튜디오는 '누구나 일한 만큼 정당하게 보상받는 것'을 성과관리와 인사관리의 기초로 삼는다. 직급이나 연차보다 성과에 따라 기업 이윤을 나누는 이 제도하에서는 신입사원이 이사보다 더 많은 이윤을 지급받을 수도 있다. 나이, 연차, 직급을 초월해 성과를 많이 내는 직원이 더 많은 수익을 가져가기 때문이다. 모두에게 기회는 공평하게 주어지지만 이윤을 공평하게 분배하는 것은 공정하지 않다는 것이다.

복지, 평가체계, 성과급 제도 등 앞서 언급한 모든 제도는 과거 다른 회사에서 직원으로 일했던 안 대표의 경험에서 시작되었다. "직원을 수단으로 사용하는 회사를 많이 봤어요. 그런 데서 느끼는 직원들의 박탈감이나 갈등도 많이 접했고요. 하지만 회사의 비전과 신뢰를 구축하면 직원들이 자발적으로 움직인다는 것을 알게 되었죠. 말뿐인 회사가 아니라 실천하는 회사가 되자는 생각으로 과거 직원일 때 생각했던 것들을 현재 회사에서 실천하고 있습니다."

결국 핸드스튜디오의 모든 제도는 직원과 직원, 직원과 기업 간의 신뢰를 구축하기 위해 시작된 것이다. 이는 포춘의 100대 기업을 선정하는 GWP연구소가 제안하는 '최고의 직장을 만들고 유지하는 법'과 일맥상통하다. GWP연구소는 『최고의 직장』이라는 책을 통해 뛰어난 재무성과를 보인 기업들의 문화적 특성을 연구한 결과 직원과 리더, 직원과 업무, 직원과 직원 사이의 관계가 조직의 목표, 직원의 충성도, 업무에 대한 동기부여에 커다란 영향을 미치며 이를 위해 '구성원과 경영진의 신뢰(신용, 존중, 공정성)' '직장에 대한 구성원의 자긍심' '함께 일하는 재미(동료애)'가 필요함을 강조한 바 있다. 정리해보면 GWP에서 강조한 요소들과 핸드스튜디오에서 추구하는 철학은 아래와 같은 상관 관계가 있다.

핸드스튜디오는 GWP연구소가 말하는 '최고의 직장이 되기 위한 조건'에 자연스럽게 부합한다. GWP연구소의 이론에 따르면 핸드스튜디오는 뛰어난 재무성과를 낼 수 있고 향후 지속적으로 성장, 발전할 수 있는 가능성이 충분한 것 같기도 하다. 하지만 핸드스튜디오는 조금 다른 관점으로 보아야 한다.

최고의 직장? 그저 좋은 회사를 만들고 싶을 뿐!

안준희 대표를 포함한 창업자들은 커다란 성공이나 대박 아이템을 발견하여 시작된 비즈니스가 아닌, 그저 좋은 사람들이 열심

GWP	핸드스튜디오
구성원과 경영진의 신뢰(신용, 존중, 공정성)	누구나 정당하게 보상받을 수 있음
직장에 대한 구성원의 자긍심	사회나 가족이 해주지 못한 부분을 회사에서 채워줌
함께 일하는 재미(동료애)	자유로운 분위기 속에서 재밌게 생활하고 일할 수 있음

GWP에서 강조한 요소들과 핸드스튜디오 철학

히 일할 수 있는 공정한 직장을 만들자는 취지로 핸드스튜디오를 시작했다. 그러다 보니 회사의 사업도 사업이지만 직원을 소중히 여기고, 함께하는 이들이 즐거이 일하며 정당한 대가를 받는 것을 가장 중시한다. 이들은 스마트 TV와 컨버전스 앱 개발로 유명한 회사지만 '앞으로 사업 아이템이 바뀔 수도 있다'고 말한다. 경영적인 재무적인 성과가 아닌, 직원들과 재미있고 행복하게 일하기 위하는 데 회사의 모든 초점을 맞추고 있는 까닭이다. 그러다 보니 기업의 목표도 '앞으로 이 정도의 매출을 올리겠다' '글로벌 시장에서 이러이러한 수준의 위치를 점유하겠다' 같은 여느 기업의 목표와는 다르게 설정했다.

핸드스튜디오의 목표는 바로 '직원의 꿈을 이루어주는 것'이다. 핸드스튜디오는 가급적 직원이 하고자 하는 일을 존중해주고, 그것을 달성하는 것을 최대한 독려한다. 실례로 방송과 영상 제작에 대해 깊은 관심이 있었던 직원의 꿈을 이루어주기 위해 자사가 제작하는 애플리케이션에 3D 콘텐츠를 도입하면서 그 직원에게 '예산과 시간을 줄 테니 3D 방송 콘텐츠를 직접 만들어봐'라는 업무를 부여했다. 직원의 꿈을 최대한 존중하여 업무를 조절해준 것이다. 이렇게 탄생한 영상 콘텐츠는 시장에서 좋은 반응을 얻었고, 회사는 영상을 제작하고 싶어 하는 직원에게 투자해 자회사 '코뉴Conew'를 세웠다. 코뉴는 창업 후 빠르게 성장하여 1년이 지난 2014년 2월, 모든 지분 관계를 청산하고 독립할 만큼 훌륭한 성과를 보였다.

물론 모든 직원들이 가지는 모든 꿈에 대해 전폭적으로 지지를
하는 것은 아니다. 직원이 커피숍을 열고 싶어 한다고 해서 영리기
업인 회사가 커피숍을 차려줄 수는 없는 일. 다만 직원이 원하는
것과 회사의 방향성, 현재 진행 중인 프로젝트와의 관계를 유심히
살피고 그 속에서 기회를 찾는 것이다.

뛰어난 사람들과 함께 성장하고픈 회사

좋은 사람들과 행복하게 일하려면 지금과 같은 파격적인 제도와
복지혜택이 필요하고, 그 재원을 마련하기 위해서는 매출이 꾸준히
성장해야 한다. 그렇기에 핸드스튜디오는 함께 일하는 이들이 최대
한 편하게 일할 수 있는 분위기를 만드는 것에 전념하는 것만큼이
나 뛰어난 인재를 영입하는 것 또한 중시한다. 다른 회사에서는 학
력, 영어점수 같은 스펙이 인재 선발 시 중요한 기준이 될 수 있지
만 핸드스튜디오는 스펙보다 실력을 살펴본다. 그 실력을 평가하기
위해 뛰어난 포트폴리오를 중시하며, 디자인이든 코딩이든 자기 분
야에 미쳐서 몰두한 경험이 있는지를 묻는다. 핸드스튜디오에 입사
해 뛰어난 성과를 낼 수 있는지를 판단함과 동시에 능동적이며 열
정적인 기존 직원들과 잘 어우러져 일할 수 있는가도 평가해야 하
기 때문이다. 반대로 실력을 제외한 학벌이나 외모, 성별, 나이 등의
요소는 채용 시 고려하지 않는다.

핸드스튜디오의 이러한 실험은 경직된 한국의 기업문화에 변화
의 시작이 될지도 모르겠다. 결혼 시 1,000만 원 지급, 무한 간식 제

공 등의 복지제도가 화제에 오르면서 무한 간식과 같은 제도를 따라 하는 회사가 늘고 있다는 소식도 들려오고, 기업이나 학교 등에서 다양한 사람들이 벤치마킹을 위해 핸드스튜디오에 방문하는 일도 잦아지고 있다. 무엇보다 고무적인 것은 핸드스튜디오의 문화가 알려지면서 입사 지원자들이 폭발적으로 증가했다는 사실이다. 사람과 아이디어로 승부해야 하는 스타트업에게 있어 인재 영입은 가장 중요하면서도 어려운 일인데, 핸드스튜디오는 여타 기업들이 부러워할 만한 문화를 구축했고 이를 우수 인재의 확보로까지 자연스럽게 연결시켰다.

전 직원 평균 연령 28세의 젊은 기업 핸드스튜디오는 현재 40여 명 규모의, 아직 더 커나갈 기업이다. 지금껏 주목받은 파격적인 복지제도, 그리고 기업문화는 작고 젊은 조직이기에 가능했던 것이기도 하다. 시간이 흘러 직원이 나이 들어감에 따라, 또 새로운 직원이 늘어남에 따라 복지와 제도는 직원에게 필요한 형태로 변할 것이다. 무엇보다 직원의 꿈을 중시하고 신뢰를 통해 행복한 직장생활을 만들고 있는 핸드스튜디오의 기본 철학만 확실하다면 상황에 맞는 최적화된 제도로 변화하며 지속적으로 행복한 기업문화를 유지할 수 있을 것으로 보인다.

모든 직원이 더 열심히, 더 기꺼이, 더 즐겁게 일할 수 있는 환경을 만들고 있는 핸드스튜디오. 직원을 행복하게 하기 위한 기업이 되고, 행복한 직원이 성장하는 것이 곧 회사의 성장이라 믿는 이들의 실험이 더욱 성공하여 간식 제공의 확산 같은 소소한 작은 변화를 넘어 '직원에게 퍼주어도 회사가 성공할 수 있다'는 사례를 보이길 바란다. 그리고 이를 선례로 삼아 보다 많은 기업이 직원이 행복하고 재미있게 일하게끔 하는 것이 기업의 경쟁력이 됨과 동시에 회사와 직원 모두를 행복하게 만드는 길임을 믿고 그에 집중하게 되기를 기대해본다.

③ 우아한 형제들 :
브랜딩에 의한, 브랜딩을 위한

우아한 형제들 로고

'배달의 민족' 로고

우아한 형제들은 모바일, PC에서 음식을 배달시킬 수 있는 '배달의 민족' 서비스를 제공한다. 배달의 민족은 이용자의 장소가 자동으로 설정돼 가까운 지역의 업소들을 메뉴 카테고리별로 제공한다. 또한 바로결제 가능 업소로 등록된 곳은 온라인으로 바로결제 후에 주문할 수 있다. 2010년 출시한 동시에 앱스토어 1위를 기록한 것은 물론 2014년 3월에는 업계 최초로 1,000만 다운로드를 돌파했다. 지금까지 배달의 민족에 등록된 업소는 약 13만 여개, 하루 주문량은 10만 건에 이른다.

다음 페이지의 이미지를 보는 순간 우리는 딱 느낄 수 있다. 무엇이라 정확히 말할 수 없지만 뭘 말하는지 알 듯한 그 느낌. 굳이 말하자면 우아한 형제들의 이미지는 소위 'B급'이다.

브랜딩: 인식의 싸움

흰 바탕에 강력한 메시지를 담는 것이 주된 특징으로 이 밖에도 상사가 급하게 자료를 요청할 때 전달하는 USB에는 '이런십육기가'가, 봉지커피를 타 먹는 머그컵에는 '스타벅스 맛 나는 맥심커피'가, 무릎담요에는 솔로들의 애환을 달래주는 '외롭지 않아, 단지 추울 뿐' 라는 글이 새겨져 있는 등 우리는 우아한 형제들의 모든 홍보 용품에서 그들만의 느낌을 확실히 느낄 수 있다. 그래서 배달의 민족을 조금이나마 아는 사람들은 누가 보더라도 '어? 배달의 민족이

컴퓨터 잡지와 경제 잡지에 실린 '배달의 민족'의 위트 있는 광고

네!'라고 짐작할 수 있다. 이러한 우아한 형제들만의 느낌은 배달의 민족 앱뿐만 아니라 오프라인 광고, 온라인 홍보 활동 등 무엇을 하더라도 '우아한 형제들'스럽게 함으로써 고객의 시선을 더욱 사로잡는다. 이렇게 언제 어디서든지 자신들

이 누구인지를 뚜렷하게 밝힌 우아한 형제들의 모든 활동을 집약할 수 있는 단어는 바로 '브랜딩'이다.

'사자'라고 하면 어떤 모습이 떠오르는가? 아마도 멋진 갈기를 휘날리며 드넓은 초원을 뛰어다니는 모습, 멀리 있는 먹잇감을 매서운 눈초리로 예의 주시하는 모습, 날카로운 송곳니를 드러내며 으르렁거리는 모습 등 용맹한 이미지의 사자가 생각날 것이다. 하지만 대다수가 모르는 사실이 있다. 바로 사자는 하루의 반 이상을 잔다는 것이다. 게다가 깨어 있을 때조차 대부분은 어슬렁어슬렁 돌아다니다가 사냥하는 순간에만 잠깐 뛴다. 우리의 머릿속에 있는 사자는 사자 본연의 모습이 아닌, 우리가 포착한 이미지의 사자인 것이다. 이처럼 사람들은 대상의 실제가 아닌 특징을 잡아 기억하기를 좋아하는데, 이러한 특징은 독특하고 강렬할수록 사람들의 뇌리에 오랫동안 남는다. 브랜딩은 이러한 사람들의 성향을 이용하고자 하는 전략이다.

사업자가 자신의 상품을 경쟁업체와 구별하기 위해 사용하는 이미지와 경험의 집합인 '브랜드'는 어떤 회사를 나타내는 상표, 로고, 색상, 구호 등을 뜻하며 제품 디자인, 광고 등에 이용되어 소비자에게 그 회사의 제품을 기억하게 한다. 최근에는 소비자들에게 상품을 단순히 기억하게 하는 '브랜드'가 아닌, 브랜드를 인지하게 하는 '브랜딩'이 각광받고 있다. '브랜딩'은 단순히 기업의 이름을 관리하는 의미를 넘어서 소비자의 지각을 관리하는 것이다. 소비자들이 A, B, C사의 상품을 구별할 수 있는 것에서 한 발 더 나아가 해당 회사를 생각하면 함께 떠오를 수 있는 이미지와 인지도를 만드는 것이다. 이러한 브랜딩은 하나의 마케팅 수단에 그치는 것이 아니라 기업의 가치를 수립하고 고객에게 자사의 상품을 알리는 매우 중요한 영역이기에 많은 기업들이 브랜딩에 어마어마한 자본을 투자하기도 한다.

그런데 배달 앱으로 유명한 스타트업 우아한 형제들이 이 브랜딩 분야에서 두각을 보이며 인정받기 시작했다. 다양한 매체에서 '배달의 민족' 브랜드를 호평했는가 하면 2013 코리아 디자인 어워드에서는 올해의 아이덴티티상을 수상하기도 했다. 이 상은 한국 디자인의 발전을 이끌겠다는 목적으로 1976년에 설립된 「월간 디자인」에서 주최하는 것으로 지금까지 서울 G20 정상회의, 제일제면소, 국립서울미술관 등이 수상한 바 있다. 이렇게 권위 있는 시상식에서 UX를 전문으로 하는 디자인회사나 컨설팅 회사가 아닌, 더군다나 대기업도 아니라 배달 앱을 서비스하는 조그마한 IT 스타트업이 수상했다는 것은 주목받을 만한 일이었다. 심사위원들은 글꼴과 문장에 집중해 '디자인을 안 한 듯한 디자인으로 감성을 건드리는 신선한 접근'이라 평하며 우아한 형제들의 B급 코드 디자인을 '미친 상상력'이라고 극찬했다. 그들의 브랜딩과 디자인에 주목했던 이유, 그리고 두각을 나타낼 수 있었던 원천을 살펴보자.

브랜딩의 시작은 정의 내리기부터

우아한 형제의 김봉진 대표가 배달 시장에서 창업하게 된 것은 우연한 일이었다. 그는 사실 창업할 생각이 없었다. 그저 당시 국내에 도입됐던 스마트폰을 보며 어떤 서비스가 있으면 재미있을지를 고민하다가 전국의 전화번호를 제공하는 114앱을 만들고자 했다. 하지만 전화번호를 수집하는 과정에서 이 일이 사실상 불가능하다는 것을 깨달은 그는 전화번호를 이용해 경제적 활동이 일어나는 분야를 고민하다가 배달 시장에 뛰어들게 됐다.

처음에는 배달 앱을 만들면 주위 사람들도 많이 이용할 것 같다는 단순한 생각에 사람들과 앱을 만들어 출시했다. 그런데 출시 후 순식간에 배달 앱 다운로드에서 1위를 기록하는 등 반응이 매우 뜨거웠고, 이를 계기로 김 대표는 자연스럽게 창업을 결심하게 되었다. 이모션, 네오위즈, 네이버에서 웹 디자이너로 일했던 경험 덕에 김 대표는 '기업을 만든다'가 아닌 '브랜드를 만든다'라는 개념으로 창업에 접근했다. 그는 간단히 고객들에게 판매할 서비스가 아니라 누가 봐도 알 수 있는 자신들만의 브랜드를 만드는 데 중점을 두었고, 그 첫 번째 작업이 '배달'의 정의를 찾는 것이었다.

'정의'는 '어떤 말이나 사물의 뜻을 명백히 밝혀 규정하는 것'을 말한다. 사실 우리는 일상 속에서 새로운 단어를 인지했을 때 그 단어의 뜻을 명백히 밝혀 규정하는, 즉 '정의 내리기'를 하지 않는다. 그 단어가 쓰이는 상황과 문맥 속에서 대강의 이미지와 느낌으로 단어의 뉘앙스를 느끼고, 반복해서 사용함으로써 그 뜻을 더욱 받아들이며 자기 것으로 만들게 된다. 하지만 '정의 내리기'는 매우 중요한 일이다. 이것을 통해 단어는 일반적으로 통용되는 뜻뿐만 아니라 새로운 의미를 가질 수 있으며, 그 의미를 통해 보다 다양한 일에 활용될 수 있기 때문이다. 내게 있어 돈이란 단순히 생계를 유지하기 위한 도구인지, 아니면 부를 쌓아가는 즐거움인지에 따라 돈을 버는 데 열정을 쏟아붓는 삶을 살지 말지를 정할 수 있는 것처럼 말이다. 어떻게 보면 아주 사소한 것이지만, 그것들을 정의함으로써 어떤 방향으로 어떻게 나아갈지를 정할 수 있기에 이는 결코 가벼운 문제가 아니다.

사실 많은 사람들은 이러한 '정의 내리기'를 대수롭지 않게 여긴다. 그러나 우아한 형제는 그렇지 않았다. 그들은 무슨 일을 해나감에 있어서 가장 먼저, 가장 중요하게 여겨야 하는 일이 바로 '정의'를 내리고 의미를 부여하는 일이라고 판단했다. 자신들의 브랜드를 제대로 만들려면 뛰어들고자 하는 시장을 다시 살펴보고, 방향성 및 향후 제공해야 할 서비스를 명확히 인지해야 했기 때문이다.

"풋!" "아~"를 위한 브랜딩

그래서 우아한 형제들은 배달에 대해 다시 생각해보았다. '배달'에 대한 국립국어원의 정의는 '물건을 가져다가 몫몫으로 나누어 돌림'이었다. 하지만 우아한 형제들 창업팀은 '배달'에 자신들의 경험을 빗대어 보았다. 어린 시절 부모님과 함께 시켜 먹었던 피자, 동아리방에서 함께 먹었던 짜장면, 학교에서 월드컵 축구경기를 응원하며 친구들과 함께했던 치맥…… 이처럼 '배달'을 통해 좋은 사람들과 즐거운 시간을 보냈던 기억들을 떠올리며 우아한 형제들은

'사랑하는 사람들과 나누는 즐거운 시간'으로 배달을 정의했고, 이용자들에게도 그처럼 즐거운 서비스를 제공하고자 마음먹으며 '즐거운 서비스의 제공'에 기업의 초점을 맞추기로 했다.

우아한 형제들은 모든 고객이 자신들의 제품과 서비스를 보면 "풋!" 하고 웃을 수 있게 만들려 했다. 그 소소한 재미가 쌓여 자신들의 서비스를 이용하는 고객들이 보다 즐거운 시간을 보내고, 자신들의 브랜드도 강화시키는 것이 브랜딩의 목적이었다. 그것을 위해 우아한 형제들은 브랜드 가이드를 만들어 브랜드를 통일감 있게 유지하고자 하였다. 글씨체, 기업의 색을 비롯해 고객에 대한 태도, 광고의 특징 등 딱 봐도 고객들이 어느 회사인지 인지할 수 있도록 브랜드의 지침을 정리한 가이드북은 현재 우아한 형제들의 최고 자산이다. 이들은 "아~"라는 공감 또는 "풋!"이라는 소소한 재미로 자신들의 브랜드를 정의하고, 이를 적극적으로 관리함과 동시에 사업을 해나감에 있어 이 두 가지를 중심으로 우아한 형제들스러운 브랜드를 쌓아가고자 했다.

재밌는 서비스를 제공하겠다는 기업인데 정작 그 회사의 직원이 재미를 느끼지 못한다면 그들의 사업은 제대로 되고 있는 것일까?

'배달의 민족' 브랜드 가이드 북에 있는 "풋!"과 "아~"

우아한 형제들은 '행복한 직원이 행복한 서비스를 만든다'라는 생각으로 회사 구성원들의 재미와 행복을 중시한다. 고객에게 재밌는 브랜드를 어필함과 동시에 '어떻게 하면 내부 직원들을 만족시키고 즐겁게 만들 수 있을까?'라는 고민을 하고 있는 것이다.

무엇이 '배달의 민족'스러운 기업문화를 만드는가?

우아한 형제들은 직원들의 자존감을 높이고 자발성을 배양할 수 있는 기업문화를 만드는 것에서 그에 대한 답을 찾고 있다. 이는 김 대표의 경험에서 나온 것이다. 김 대표는 과거에 큰 회사에 몸담고 있었는데, 회사의 소식을 뉴스 혹은 타 회사의 직원 등 외부를 통해 들은 적이 많았다. 그때마다 그는 자신이 회사에서 존중받는 구성원이 아닌, 회사 운영에 필요한 부속품이라는 생각이 들었다고 한다. 자신이 일하는 회사에 무슨 일이 있는지도 모를 만큼 회사와 직원 간의 소통이 없는 것이 불만족스러웠던 것이다.

때문에 김 대표는 직원들이 회사에서 자신의 존재와 가치를 인정받으면 더욱 열정적이고 자발적으로 일할 수 있다는 데 생각이 미쳤다. 그래서 우아한 형제들은 회사에 어려운 일이 있을 때나 새로운 제품이 나오면 가장 먼저 직원들에게 알린다. 또 직원들이 각자의 지인들에게 나눠줄 수 있는 쿠폰북도 제공했는데, 'A가 주는 쿠폰, B가 쏜다!' 'C가 전하는 감사의 마음'처럼 쿠폰명을 직원이 직접 정해 자신이 브랜드에 일원이 될 수도 있게 했다. 김 대표는 누군가가 우아한 형제들의 디자인이 들어간 메모장, USB 등을 갖고 싶어 할 때마다 항상 "우리 직원들과 친해지면 가질 수 있다"라고 말한다. 우아한 형제들은 이렇게 직원들이 회사의 구성원임을 느낄 수 있게 함으로써 자사의 브랜드를 직원들과 함께 발전시키고 있다.

우아한 형제들의 기업문화에서 중요하게 여기는 또 한 가지는 자유로운 의사소통이다. 내부 구성원 간의 커뮤니케이션이 활발해질수록 브랜드는 더 명확해지고, 사업 역시 더 좋은 방향으로 빠르게 발전될 수 있기 때문이다. 실제로 우아한 형제들은 100명이 넘는 직원들이 모두 참여하는 단체 대화방을 만들었는데, 그곳에서 직원들은 많은 사진과 영상을 공유하며 서로가 자연스럽게 자신들의 분위기에 물들어간다. 이런 문화이기에 그들이 만드는 새로운 무언가나 홍보 활동도 평범하지 않고 '배달의 민족'스러워질 수 있다. 이러한 노력은 특히 우아한 형제들의 이벤트를 보면 느낄 수 있다.

4월 14일 블랙데이를 맞아 15일간 배달의 민족 업소 리뷰 중에 중국집 리뷰를 가장 많이 쓴 사람에게 짜장라면 한 박스와 소녀시

'배달의 민족'이 실시했던 이벤트들

우아한 형제들

대 멤버들의 얼굴이 인쇄된 비타민 음료 풀 세트를 주는 이벤트, 리뷰를 많이 남긴 사람에게 눈을 치울 수 있는 넉가래, 흰 양말 30켤레를 주는 이벤트 등 홍보물뿐만 아니라 아이디어에서도 배달의 민족다운 유쾌함을 느낄 수 있다.

어떻게 이렇게 매번, 모든 이벤트마다 '배달의 민족스러울' 수 있을까? 이것 역시 기업 내부의 자유로운 의사소통에서 나온 결과물이다. 우아한 형제들에서는 누구나 자유롭게 아이디어를 던진다. 제아무리 똑똑한 사람이라 해도 매체별로 알맞은 광고, 시기별로 적절한 광고, 우아한 형제들스러운 광고, 그에 덧붙여 재미까지 있는 광고를 만드는 것은 불가능하다. 그래서 우아한 형제들에서는 메신저를 통해 언제든지 자유롭게 의견을 교환한다. 누군가가 한 가지 아이디어를 내면 그에 대해 수많은 사람들이 의견을 나누며 우아한 형제들다운 것으로 발전시키는 것이다. 그래서 우아한 형제들의 아이디어는 특정인이 아닌 모두의 아이디어다.

우아한 형제들의 사내에는 슬로건도 많다. 구성원들끼리 함께 갖고 싶은 슬로건을 서로 공유하며 문화를 나누기 위함이다. 이렇게 우아한 형제들의 내부 구성원들은 끊임없이 상호 소통하며 그들만의 문화, 그들만의 색, 그들만의 브랜드를 만들어가고 있다.

'자발적 노예'라고 쓰인 명찰 역시 기업문화의 산물로 볼 수 있다. 자발적 노예는 말 그대로 직원들이 자발적으로 회사의 노예가 되었다는 의미로, 직원들이 회사와 서비스를 사랑하고 있음을 단적으로 보여주는 예다. '쓸데없는 고퀄리티'라고 표현할 정도로 남들 눈에는 사소해 보이는 일도 스스로 알아서 열정적으로 일하는 사람을 일컫는 '자발적 노예'는 디자인실과 마케팅실의 직원들이 직접 만든 표현이다. 그리고 그들은 자발적 노예답게 곧바로 스스로 명찰을 만들어 걸고 다녔다.

사실 회사에는 결코 사소한 일이라 할 만한 것이 없다. 그만큼 직원들은 모든 일에 열정을 가지고 임해야 하지만 그러기는 쉽지 않은 것이 현실이다. 하지만 자발적 노예들은 누가 시키지 않아도 작은 것부터 큰 것까지 모든 일에서 높은 퀄리티를 추구하고자 스스로 노력한다. 또한 자발적 노예이기 때문에 절대 시키는 대로만 일하지 않고, 적극적으로 아이디어를 제안하고 스스로 책임과 권한을 부여해 일을 '만들어서' 한다. 이렇게 자발적으로 일하다 보면 직원들은 자연스럽게 일에 대한 근력이 생겨 일을 겁내지 않고, 그다음에 새로운 것을 시도할 수 있는 힘도 갖게 된다. 이처럼 자신이 해야 할 일을 능동적으로 연구하고, 새로운 서비스를 개발하고, 회사의 제품을 알리기 위해 노력하는 것은 직원들이 자신들이 서비스를 사랑하기에 가능한 일이다.

과학 기술의 발전으로 많은 일들이 사람을 대신해 기계로 대체됐지만, 세상에는 사람밖에 할 수 없는 일이 분명히 있다. 특히나 생각을 해야 하는 일은 절대 기계로 대체되지 않는다. 이렇게 우아한 형제들의 기업문화이자 브랜드는 '그들다움', 즉 말로 표현하기는 어렵지만 그들만이 가지고 있는 '우아한 형제들스러운' '배달의 민족

스러운' 느낌을 풍긴다. 누가 봐도 "어! 배달의 민족이다!"라고 알 수
있는 그들의 브랜드 파워는 결국 우아한 형제만의 문화에서 나온
것이다. 그리고 이러한 기업문화를 만들어낸 것은 다름 아닌 직원
한 사람 한 사람의 힘이었다. 어떤 브랜드를 만들고 싶은지, 그것을
어떻게 만들어갈 것인지에 대한 직원들 간의 끊임없는 고민과 의견
교환에서 탄생한 것이기 때문이다.

　이런 점에서 우아한
형제들의 가장 큰 자산
은 바로 사람이라 할 수
있다. 우아한 형제들의
모토는 비범한 사람들
이 아닌, 지극히 평범한
사람들이 모여서 비범한
성과를 만들어가는 것
이다. 그래서 그들이 중
시하는 인재상 역시 똑
똑한 사람이 아니라 주
위 사람들에게 긍정적인
이미지를 주는 근면 성
실한 사람이다. 자기 혼
자 잘나서 독불장군처
럼 일하는 사람보다는

우아한 형제들 사무실 곳곳에 쓰여 있는 문구들

다른 사람들과 어울려 일할 수 있는 사람이 필요하기 때문이다.

우아한 형제들의 직원들은 "우리가 배달의 민족이고, 내가 배달의 민족이다"라고 말한다. 즉, 회사가 곧 자신이고 자신이 곧 회사라는 것이다. "풋!" "아~"라는 간단명료한 가이드 안에서 그들은 굉장히 어설프고 남들이 보기에는 아무것도 아닌 것 같지만 쉽게 흉내 낼 수 없는 감성들로 자신들만의 브랜드를 만들어가기 때문에 그것을 점점 더 사랑하게 된다. 그리고 이렇게 사랑이 커질수록 회사 브랜드의 파워는 강해지고, 소비자들이 배달의 민족을 더욱 명확하게 인지하는 선순환의 구조가 이뤄지면서 기업은 경쟁력을 갖추게 된다.

한마디로는 정의 내리기도 어려운 기업문화, 더군다나 우아한 형제들의 기업문화는 말로 표현하기 더욱 어렵다. 하지만 몇 가지의 이미지만 봐도 대다수의 사람들은 그들이 어떤 색을 갖고 있는지를 바로 "아~" 하고 이해할 수 있다. 바로 이것이 눈에 보이지도 않는 문화로 만든 그들만의 브랜드가 얼마나 경쟁력 있고 강한지를 보여주는 가장 명확한 증거다.

좋은 기업문화를 만들려면?

딜&케네디Deal & Kennedy는 어려운 여건 속에서 우수기업으로 생존한 기업들에게서 한 가지 공통점을 발견했다(1982). 그것은 강한 기업문화가 일상생활에서 구현되고 제도화되어 있다는 것이었다. 즉, 기업문화가 기업의 성패를 좌우할 수 있다는 것인데 이를 뒷받침하는 다양한 연구와 사례들은 그 이후에도 속속 나타나고 있다.

기업문화는 기업의 창업자와 초기 구성원의 신념 및 일하는 방식이 자연스럽게 자리 잡으면서 형성되고 공유된 조직의 신념, 핵심 가치 및 의식구조이기에 구성원들이 공통적으로 생각하는 양식이자 일하는 방식이라 할 수 있다. 꼼꼼하고 신중한 기업문화를 가진 삼성은 몇 년 전 세계 최대의 컴퓨터 하드웨어 조립업체인 미국 맥스터Maxtor 사의 인수를 위해 2년여에 걸쳐 타당성 조사를 하며 검토했지만, 밀어붙이기 식의 기업문화를 가진 현대는 정보를 입수한 지 2개월 만에 맥스터를 매수해버렸다. 이 예만 보아도 기업문화는 기업의 경영과 성과에 영향을 주는 요소임이 분명함을 알 수 있다. 그래서 많은 기업들은 오래전부터 기업문화를 중요시했고, 그것을 다지며 개선해나가고자 노력해왔다. 국내 유수의 대기업들은 신입사원 선발 시 후보자가 자사의 기업문화에 어울리는가를 가장 중요한 기준으로 삼음은 물론 직원들과의 핵심 가치 공유, 기업문화의 제도화 등 다양한 활동을 통해 기업문화를 관리하고 있다.

그러나 기업의 이러한 노력들과는 별개로 지금까지 한국의 기업문화는 대체적으로 상명하복 형태의 보수적인 분위기를 유지하고 있다. 조직의 위계와 권위를 앞세우는 보수적 기업문화는 노동자들이 시키면 시키는 대로, 하라면 하라는 대로 일하게끔 만들었고, 이것이 중화학 공업 및 제조업 위주로 성장했던 한국 기업들의 경쟁력으로 작용하며 세계 시장에서 자리 매기게끔 하는 원동력이 되었던 것은 사실이다.

하지만 산업화 시대를 넘어 정보통신 기술을 중심으로 하는 정보화 시대가 도래하며 오늘날의 비즈니스 환경에서는 새로운 기술과 서비스로 혁신적인 트렌드를 만들어야 살아남을 수 있게 되었고, 구글이나 페이스북 같은 창의적이고 혁신적인 기업이 엄청난 성공을 이루기 시작했다. 국내에서도 네이버나 엔씨소프트 같은 자유로운 분위기의 IT 기업이 시가총액 상위에 오르며 더 이상 보수적 기업문화로는 성장과 성공이 어렵다는 인식이 널리 퍼지기에 이르렀다. 이제는 구성원의 창의적 사고를 배양하고 모두가 자유롭게 소통하고 생각을 공유할 수 있는 분위기를 만드는 것, 그리고 구성원이 업무에 자부심을 가지며 스스로 몰입할 수 있는 환경을 조성하여 보다 창의적인 성과를 내는 것이 중요한 시대가 온 것이다.

따라서 많은 기업들이 기업문화 혁신을 외치며 다양한 시도를 하고 있지만 아직 우리나라의 기업들은 보수적인 문화에서 벗어나지 못하고 있는 듯하다. 대한상공회의소가 최근 전국 직장인 500여 명을 대상으로 시행한 설문조사에서 "당신의 직장은 보수적 기업문화를 갖고 있습니까?"라는 물음에 응답자의 71.5%가 "그렇다"라고 답했다. 또한 "구글·페이스북 등 창의적인 글로벌 기업의 기업문화를 100점이라고 할 때 귀사의 기업문화 점수는 몇 점입니까?"라는 질문에 응답자들이 답한 평균점수는 59.2점(대기업 65.7점, 중견기업 63.1점, 중소기업 57점)이었다 하니, 기업문화가 창의력을 발현하여 정보통신 산업에서 두각을 나타낼 수 있는 경쟁력의 원천으로 자리잡는 것은 아직 시기상조로 보인다.

그러나 다행히도 여러 스타트업에서는 창의적 성과를 높이는 기업문화 구축에 성공한 예들을 찾아볼 수 있다. 자본과 규모에서 상대적 열세를 가질 수밖에 없는 스타트업들은 차별화된 기업문화를 구축하여 창의적이고 기발한 제품과 서비스를 만들어내는 것이 시장에서의 주요 경쟁력이 될 수 있다. 특히 앞서 살펴본 파이브락스, 핸드스튜디오, 우아한 형제들의 예를 살펴보면 다음과 같은 방법들이 보다 창의적인 기업문화 배양에 도움이 됨을 알 수 있다.

1. 정보는 투명하게 공유하라

창의적 기업문화를 만들기 위해서는 우선 정보가 투명하게 공유되어야 한다. 우리나라의 경우 기업은 대부분 지시하는 쪽, 직원들은 대부분 그 지시를 수행하는 쪽으로 그 역할이 정해져 있다. 흔히 갈등과 대립적인 요소들이 주로 작용하는 '노사'로 불리는 이런 관계에서는 기업과 직원 상호 간의 믿음이 부족하기에 여러 문제들이 나타난다. 그중 대표적인 것이 바로 '정보의 제한'이다. 자신이 몸담고 있는 회사의 소식을 신문을 통해 아는 경우가 대부분일 정도로 기업은 자사 직원에게 중요한 정보를 임원진을 포함한 소수의 인원에게만 공개하고 그 외 직원들과는 공유하지 않는 것이다.

파이브락스에서는 이러한 기업과 직원 간의 정보 비대칭을 없애는 것을 최우선으로 삼았다. CEO는 회사의 비전은 물론 크고 작은 소식까지 '투명하게 공개하겠다'라고 전 직원에게 선언했고, 회사가 가고 있는 방향과 현재의 진행 현황, 기업이 처한 현실 등을 정기적으로 꾸준히 공유하며 앞으로의 갈 길을 명확히 정리해주는 시간을 갖고 있다. 우아한 형제들 역시 직원들에게 중요한 정보를 공유하는 것이 곧 회사가 직원들의 존재와 가치를 인정하는 방식이라고 생각한다. 회사가 어려운 상황을 맞거나 신제품을 출시하는 등의 다양한 일들을 가장 먼저 직원들에게 알리고 있는 이유도 그 때문이다.

2. 수단과 방법을 가리지 말고 소통하라

한국 기업들은 상명하복의 명령 하달에 익숙해져 있기에 부하 직원은 잘못된 명령을 받아도 그에 대한 문제를 제기하기 힘든 것이 사실이다. 또 일반 직원들이 새롭고 신선한 아이디어를 제기하기도 어려울 뿐 아니라 설사 새로운 아이디어를 제안하더라도 그것이 상사나 경영진에게까지 도달하지 못하는 경우가 부지기수다. 더불어 경영진이 기업의 목표와 전략을 수립하고 비전을 제시해도 직원들은 무비판적으로 그것을 수용하는 것이 습관화되어 있기에 업무의 최전선에 있는 직원에게까지 제대로 전달되기가 어렵다. 의사소통 또한 문제다. 상사와 부하직원 사이뿐 아니라 동료 간에도 의사소통이 많이 부족한 편인데, 이는 자신과 연관된 일이 아니면 관심이 없고 엮이기도 싫어해서 업무상 필요하지 않으면 연결되려 하지 않으려 하는 습성 탓이다. 이러한 분위기에서는 조직 내에서 새로운 아이디어가 나온다 해도 창의적인 생각으로 확산되지 못하고, 다양한 의견수렴을 통해 발전하는 것도 기대할 수 없다. 따라서 창의적이고 혁신적인 비즈니스를 위해서는 기업-직원 간, 임원-직원 간, 직원-직원 간의 격의 없는 소통이 필요하다.

파이브락스에서는 업무상 연관이 없는 임직원들이 서로의 이야기를 하는 시간을 의무적으로 갖게 하고 있다. 업무로 연결되지 않은 이들이 모이면 취미, 가족 등 회사와는 무관한 얘기를 하게 되는데 그 과정에서 서로의 생각이나 사고방식을 자연스럽게 접하면서 서로를 보다 깊게 이해할 수 있다는 것이다. 이런 경험을 공유한 이들이 특정한 순간에 업무적으로 엮이면 보다 수월하게 일할 수 있고, 이로 인해 생산성을 높일 수 있다는 것이 그들의 생각이다.

우아한 형제들은 구성원 간의 커뮤니케이션이 활발해질수록 사업 역시 더 좋은 방향으로 빠르게 발전될 수 있다고 여긴다. 100명이 넘는 전체 직원들이 참여할 수 있는 단체 대화방, 누구나 자유롭게 아이디어를 던질 수 있는 메신저 등은 팀이나 직급을 떠나 수많은 사람들이 서로의 의견을 나눠 아이디어로 발전시키는 원동력이 된다.

3. 직원을 먼저 만족시키고 즐겁게 하라

비즈니스는 제품과 서비스로 고객을 만족시키는 행위다. 하지만 '제대로 된' 비즈니스는 고객뿐 아니라 그 기업의 직원들까지도 만족할 수 있는 것이어야 하고, 최대의 성과를 거두려면 그 과정에서 직원들이 즐겁게 임할 수 있어야 한다. 많은 회사들이 '좋은 결과가 나오면 성과급으로 보상해주겠다'라고는 하지만 힘겨운 하루하루 속에서 겨우 일정에 맞춰 나오는 결과물은 결코 최선의 성과가 될 수 없고, 그 결과물에 대해 직원 자신조차 만족하지 못하는 경우가 허다하다. 따라서 미래를 담보로 삼아 현재의 힘겨움을 감내하라는 것은 제대로 된 제품과 서비스를 만드는 데 있어 결코 좋은 방법이 아니다. 이러한 상황에서 효과적이면서도 창의적인 성과를 만들어낼 수 있는 방법은 직원들 스스로가 즐겁게 일할 수 있는 분위기를 만들어주는 것이다.

즐겁게 일한다면 더 재미있고 창의적인 결과물을 만들 수 있고, 스스로도 만족할 만한 성과를 낼 수 있다. 우아한 형제들의 경우 '행복한 직원이 행복한 서비스를 만든다'는 생각으로 회사 차원에서 직원들의 재미와 행복을 중시하고, 그에 따른 다양한 시도들 덕분에 직원들은 보다 즐거운 분위기에서 일하고 있다. 우아한 형제들의 직원들은 '자발적 노예'라든가 '쓸데없는 고퀄리티' 등의 표어 아래 적극적으로 아이디어를 제안하고, 스스로 책임과 권한을 부여해 능동적으로 일을 만들어서 하고 있다. 주어진 일을 두려워하지 않고, 새로운 일도 기꺼이 시도하며, 자신이 해야 할 일을 능동적으로 연구하고, 자사 제품 홍보에도 자발적으로 뛰어드는 순환 구조는 이미 우아한 형제들 내부에 자리 잡고 있다. 이 모든 것은 직원들이 자신들의 서비스를 사랑하기에 가능한 일이다. 핸드 스튜디오 역시 '오늘 행복하고 싶기에 매일매일 즐겁게 일할 수 있는 직장'이 되는 것을 추구하고, 그것을 위해 영화 관람, 봉사 활동, 게임 대회 등 다양한 행사를 벌이고 있다. '어떻게 하면 내부 직원들을 만족시

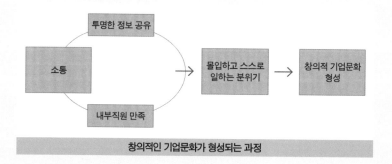

창의적인 기업문화가 형성되는 과정

키고 즐겁게 일하게 할 수 있을까'를 고민하는 이들 기업이 그 결과로 거둔 창의적인 성과물들은 자연스럽게 고객에게까지 이어지고 있다.

앞서 언급했듯 좋은 기업문화에 대한 정답은 없다. 좋은 기업문화 구축에는 기업의 규모, 업종 등에 따라 적용할 수 있는 방법이 다르고, 각각 상이한 접근이 필요하기 때문에 정답보다는 다양한 해답이 존재한다고 하는 것이 옳다. 그중 독특한 기업문화로 유의미한 성과를 내고 있는 파이브락스, 핸드스튜디오, 우아한 형제들의 사례를 참고해보면 '좋은 기업문화' 배양에는 정보의 공유와 충분한 의사소통, 그리고 내부 직원의 만족도 향상이 필요함을 알 수 있다. 이러한 요소들을 바탕으로 직원과 직원, 직원과 기업의 신뢰를 더욱 돈독히 하고 직원들로 하여금 스스로 일에 몰입하게 하여 일하는 분위기를 형성한다면 보다 창의적이면서도 혁신적인 결과물의 탄생을 기대해볼 수 있을 것이다.

스타트업의 가능성

어떤 이들은 최근 국내의 스타트업 붐을 두고 '거품에 지나지 않는다'고 평하는가 하면, 혹자는 우후죽순으로 생겨나는 정부의 창업 지원 프로그램에 대해 세금 낭비라고 비판하기도 한다. 하지만 이 책을 쓴 우리는 그 속에 분명한 가능성이 있다고 믿는다. 독일의 철학자 발터 벤야민Walter Benjamin은 "꿈에는 단지 그에 도취되는 것뿐만 아니라 그 이면을 들여다보고 그중의 가능성을 구제해내는 힘이 있다"라고 말했다. 그의 말을 바탕으로 요즘의 스타트업 붐을 다시 생각해보면 단순히 과대평가됐다고 단정하며 부정적으로 판단하기보다는 그 이면의 가능성을 보는 것이 옳지 않을까 싶다. 스타트업은 경제의 새로운 성장 동력으로, 일류 대학·대기업만을 성공의 기준으로 삼는 한국 사회의 경직성을 풀어줄 연화제로, 지역사회의 다양성을 높이는 다이내믹한 역할을 할 수도 있기 때문이다.

그렇기에 우리는 이 책을 통해서 혁신이 천재들만이 하는 것이 아님을 보여주고 싶었다. 실리콘 밸리나 이스라엘의 이름난 사업가들만 혁신을 하고 스타트업을 하는 것이 아니라 한국에 살고 있는 나도, 당신도 혁신할 수 있다고 말하고 싶었던 것이다.

혁신도 결국엔 '하는' 것이다

한 여행자가 산속에 있다는 아름다운 호수를 찾아 나섰다. 하지만 그 위치를 정확히 어디에 있다고 알려주는 지도 같은 것은 없어서, 그 호수에 가려면 그곳에 가본 적이 있다는 몇몇 사람들에게 길을 물어보는 수밖에 없다. 그런데 이 사람들의 말들이 중구난방이다. 해가 뜨는 방향을 향해 걸었더니 호수가 나왔다는 사람, 남쪽으로 가라는 사람, 별을 보고 따라가라는 사람……. 경험자들의 말들을 종합해보니 도무지 지도가 그려지지 않는다. 이 여행자는 호수에 무사히 도착할 수 있을까? 만약 호수를 발견했다면, 어떻게 찾아갈 수 있었을까? 여행자는 호수에 갔을 수도, 가지 못했을 수도 있다. 한 가지 분명한 것은 호수에 도착한 여행자는 아름다운 호수를 보겠다는 굳은 의지와 바람을 가지고 있었을 것이란 사실이다. 혁신도 호수를 찾아가는 것과 같다. 결국엔 혁신도 '하는' 것이기 때문이다.

'혁신은 어떻게 하는 것인가?' 이 책을 편 독자들의 대부분은 아마 이 질문을 마음속에 갖고 있었을 것이고, 각 스타트업들의 혁신 사례를 읽으면서 '이렇게 하면 되는구나' 또는 '나도 이렇게 할 수 있을까?'라는 생각이 들었을 것이다. 하지만 이 책에 실린 스타트업들의 혁신 경험담들은 결국 호수가 어디 있다고 가르쳐주는 사람들의 조언 정도에 불과하다. 즉, 혁신하는 데 참고는 될지언정 혁신의 정답이 될 수는 없다는 뜻이다. '자사의 포지셔닝 차트를 그려라' '예상고객을 대상으로 제품을 테스트하라'라고 주장하는 일련의 혁신 책들을 읽고 나서도 혁신이란 게 무엇인지, 내가 할 수는 있는 것인지 도통 모르겠는 이유는 바로 혁신에 정도正道가 없기 때문이다.

흔히들 혁신은 창의적 사고와 전문성, 동기가 어우러질 때 일어난다고 한다. 이 세 가지 요소들 중에서 창의성과 전문성에 관한 연구는 수없이 이루어졌지만 동기는 상대적으로 덜 강조되어왔다. 창의성이나 전문성을 기르는 데는 연구결과들이 제시하는 것처럼 어떤 왕도가 있을지도 모르지만, 동기를 가지는 데는 지구 위의 사람 수만큼이나 다양한 방법이 존재한다. 비록 연구주제로는 주목받아오지 못했지만 우리는 '혁신'을 다루는 이 책을 쓰기 위해 여러 창업자들을 만나보면서 한 가지를 새삼 느꼈다. 그것은 혁신에 있어서 가장 필요한, 없어서는 안 되는 것이 바로 '동기'라는 것이었다.

성공한 스타트업의 창업자들은 천재적이거나 특이한 이력을 가진 비범한 사람들처럼 생각될 것이다. 하지만 그들을 실제로 만나보니 우리 주변에서도 볼 수 있을 법한 평범한 이들이었다. 다만 그들이 보통 사람들과 다른 것은 '열정'과 '헌신'을 가지고 있다는 점이었다. 이 책에 실린 스타트업들의 이야기를 보면 그들의 아이디어 자체가 무릎을 칠 만큼 기발하고 새로운 것들은 아님을 알 수 있었을 것이다. 이 스타트업들은 '이 세상에 없었던 독창적인 무언가를 만들겠다!'라고 하기보다는 일반적인 것에 물음을 가지고 조금 더 고민했고, 지금의 상태를 개선시키고 싶다는 열망을 갖고 있었다. 그리고 그것을 해내기 위해 자신들의 시간과 노력을 헌신적으로 쏟은 결과로 성공을 일구어냈다. 그렇기 때문에 나라고 해서, 우리라고 해서 성공에 도전하지 못할 이유가 없는 것이다.

여성 최초로 대서양을 횡단한 파일럿 아멜리아 에어하트Amelia Earhart는 "어떤 일을 하는 가장 효과적인 방법은 그것을 하는 것이다The most effective way to do it is to do it"라고 말했다. 자신만의 길을 만들고, 스스로 그 길을 넓혀가고 있는 이들의 이야기를 읽으면서 가슴이 동요했다면, 그리고 마음이 울렸다면 당신은 이미 성공을 하는 데 필요한 충분한 동기를 가진 것이다. 이제는 당신의 성공을 시작해야 하는 때일지도 모른다.

한국의
스타트업
부자들

초판 인쇄	2015년 3월 23일
초판 발행	2015년 3월 30일

지은이	최기영 윤지영 장소현
펴낸이	김승욱
편집	장윤정 김승욱
디자인	엄자영 이보람
마케팅	방미연 이지현 함유지
온라인마케팅	김희숙 김상만 한수진 이천희
제작	강신은 김동욱 임현식

펴낸곳	이콘출판(주)
출판등록	2003년 3월 12일 제406-2003-059호

주소	413-120 경기도 파주시 회동길 216 2층
전자우편	book@econbook.com
전화	031-955-7979
팩스	031-955-8855

ISBN 978-89-97453-49-8 03320

─────

이 도서의 국립중앙도서관 출판시도서목록(CIP)은 e-CIP 홈페이지(http://www.nl.go.kr/ecip)와
국가자료공동목록시스템(http://www.nl.go.kr/kolisnet)에서 이용하실 수 있습니다.
(CIP제어번호: CIP2015008707)